Bernd Vonhoff | Gerald Reischl

Erfolgsfaktor SINN

Die Entdeckung der Zufriedenheit

UEBERREUTER

Für
Hanna,
Ninja,
Moira,
Josha
und
Emil

Das säurefreie und alterungsbeständige Papier EOS liefert Salzer, St. Pölten (hergestellt aus chlorfrei gebleichtem Zellstoff aus nachhaltiger Forstwirtschaft).

ISBN 978-3-8000-7444-0

Covergestaltung: Kurt Hamtil, Verlagsbüro Wien
Coverfoto: beautiful summer landscape © Jaroslaw Grudzinski

Gedruckt in Österreich
1 3 5 7 6 4 2

Ueberreuter im Internet: www.ueberreuter.at

INHALT

Vorwort

Zwei Männer sitzen im Gästeraum des TV-Senders SAT.1 in Berlin und warten auf ihren Auftritt beim »Frühstücksfernsehen«. Der eine, ein Soziologe aus Hamburg, der v. a. größere Unternehmen bei Fragen zur Mitarbeiterkommunikation und Stärkung von Unternehmenskulturen berät, präsentiert dort eine nicht ganz ernst gemeinte Kaffeetassen-Studie, die er kurz zuvor für die BILD-Zeitung erstellt hat. (»Zeige mir deine Tasse, und ich sage dir, welcher Bürotyp du bist.«) Der andere, ein Journalist aus Wien und Ressortleiter der österreichischen Tageszeitung »Kurier«, spricht über sein dreizehntes Buch »Die Google-Falle«. Man kommt ins Gespräch, verlegt dieses in ein Kaffeehaus ums Eck und diskutiert stundenlang – über den bisherigen Lebenslauf, über Musik, über die künftige Lebensplanung und darüber, wie es ist, Menschen mit Büchern zu begeistern. Daraus entsteht die Idee, ein Buch über Zufriedenheit im Privat- und beruflichen Leben, über sinnvolle Arbeit, über Lebensmotive zu schreiben. Eineinhalb Jahre später ist das Produkt dieser Diskussion, die im April 2008 in Berlin begann, fertig: »Erfolgsfaktor Sinn«, ein Buch, das aufzeigt, wie man wieder Zufriedenheit im (Arbeits-)Leben erlangt.

Eine sinnvolle Tätigkeit, Glück und Zufriedenheit stehen bei Mitarbeiter-Umfragen immer ganz oben auf der Wunschliste. Aber Zufriedenheit im Privat- wie auch im Berufsleben kommt nicht von allein – sie ist mit Arbeit verbunden. Mit jener Arbeit, die man für seinen Lebensunterhalt verrichtet, und mit jener an sich selbst. Engagement im Unternehmen setzt Zufriedenheit voraus. Und langfristige Zufriedenheit hängt wiederum eng damit zusammen, wie sinnvoll jemand sein Leben und seine Arbeit gestalten kann.

In »Erfolgsfaktor Sinn« geht es um sinnvoll erlebte Arbeit, die ein menschliches Urbedürfnis zu sein scheint – ob als Mitarbeiter, Firmenchef oder Unternehmenseigentümer. Es geht um die Anerkennung und Wertschätzung der eigenen Arbeit und um die Bedingungen im Unternehmen, mit denen sowohl Arbeitnehmer als auch

Arbeitgeber zufrieden und trotzdem erfolgreich sein können. Bei dieser Suche nach Sinn muss jeder selbst aktiv werden, die Suche lässt sich nicht delegieren.

Um für die jeweilige Lebenssituation den entsprechenden Sinn zu finden, muss man regelmäßig abwägen, was einem wichtig ist, was man gern in seinem Leben erreichen möchte, was einem in seinem Leben langfristig Sinn gibt. Nur wer weiß, was ihm im Leben wichtig ist, ihm wirklich Freude bereitet und ihn dauerhaft befriedigt, kann überprüfen, ob er sich auf dem richtigen Weg befindet. Man muss dazu seine eigenen Motive kennen und wissen, warum man arbeitet und wofür es sich lohnt zu leben. Hilfreich ist dabei der antizipierende Lebensrückblick: Auf sein eigenes Leben zurückblickend, soll man zufrieden sein, wie es verlaufen ist, weil man alles, was man sich vorgenommen, auch erreicht hat.

Sie können dieses Buch lesen, wie Sie es wollen. Von vorne nach hinten, von hinten nach vorne oder nach den Kapiteln, die Sie interessieren. Die Kapitel bauen zwar im Prinzip aufeinander auf, aber sie sind in sich weitgehend abgeschlossen.

Wir wünschen Ihnen jedenfalls eine spannende Lektüre und hoffen, dass Sie von »Erfolgsfaktor Sinn« profitieren. Sie können uns per E-Mail unter sinn@erfolgsfaktor-sinn.com erreichen und/oder unsere Webseite www.erfolgsfaktor-sinn.com besuchen.

Bernd Vonhoff und Gerald Reischl, im September 2009

Kapitel 1

Faktum: Die Welt ist komplex

Der Ursprung von Sinn

Seit etwa 35 000 Jahren verfeinert der Mensch sein Sozialverhalten. Wenn man die Entwicklung zu differenzierter Arbeitsteilung als solch eine Verfeinerung ansieht. Immer stärker konnten sich die Menschen damit ihren Talenten und ureigensten Bedürfnissen widmen, zumindest solange diese nützlich für die Gemeinschaft waren. Durch den Nutzen, den sie durch ihre Talente für sich und andere erzeugten, erkannten die Menschen einen Sinn in dem, was sie taten. Einen Sinn für sich und für andere und damit für die Stabilisierung der Gemeinschaft. Wenn jemand seine Arbeit zum Wohle der Gemeinschaft verrichtete, war es für ihn nicht nur erfolgreich, sondern schaffte auch befriedigende Anerkennung. Es ergab für den Menschen deshalb Sinn, sich immer stärker auf seine Talente zu spezialisieren. Das war der Beginn der Arbeitsteilung.

Im Laufe der Menschheitsgeschichte haben sich ganz unterschiedliche Talente herauskristallisiert. Der eine war ein guter Spurenleser, der andere konnte sich gut anpirschen, der Dritte hatte das Talent, gut Fallen bauen zu können, der Vierte kannte die Anatomie des Tieres am besten und wusste genau, wo an dessen Körper der Speer treffen musste; der Fünfte konnte gut zielen und traf am besten.

Heute sind die Gemeinschaften größer und die Wege kürzer geworden. Wir können über Telefon und Internet miteinander kommunizieren und sind nicht nur in der Familie und Dorfgemeinschaft, sondern weltweit vernetzt. Deshalb muss man nicht mehr wie in den Urzeiten, also in der analogen Ära, auf »Spurensucher« aus der Dorfgemeinschaft zurückgreifen, sondern kann auch jemanden vom anderen Teil der Welt für seine Aufgaben buchen. Die Gesellschaften sind durch die immer weitere Vernetzung als solche nur noch schwer erkennbar, die Welt ist, um es in den Worten des Medientheoretikers Marshall McLuhan zu sagen, ein Dorf, eine »global village«. Auf dem Portal Getafreelancer.com kann man beispielsweise aus einem Pool von 850 000 Experten aus der ganzen Welt wählen, die man für ein

IT-Projekt beauftragen kann. Die Welt wird immer komplexer, die Arbeitsteilung für den Einzelnen undurchschaubar und der eigene Platz in der Gesellschaft ist kaum noch klar zu erkennen.

Es ist deshalb auch schwer zu verstehen, welchen Sinn man für diese Gemeinschaft beiträgt, wenn das direkte Feedback über Erfolg und Misserfolg seines »Jagdbeitrages« in der Anonymität der Vernetzung untergeht. Es wird für viele deshalb auch immer schwieriger, ihren Sinn für und in der Gemeinschaft wahrzunehmen; das ist wiederum nicht nur hochgradig unbefriedigend, sondern sicherlich eine der Ursachen für die Zunahme psychosomatischer Erkrankungen in den Industrieländern. Wenn verschiedene Firmen international fusionieren, dann ist für die meisten Mitarbeiter der direkte Kontakt nicht möglich. Die einzelnen Mitarbeiter – unter Umständen waren sie vor der Fusion ursprünglich sogar Konkurrenten – kennen sich nicht persönlich und können auch über Telefon, E-Mail und Intranet nur schwer intensiven Kontakt zueinander herstellen, um das notwendige Vertrauen zueinander aufzubauen. Die Folge ist oft, dass die durch die Fusion erhofften Einsparungen durch unnötige Reibungsverluste wieder verloren gehen oder von den Arbeitnehmern im schlimmsten Fall sogar mehr oder weniger explizit sabotiert werden.

Die Funktion von Sinn

Inzwischen bietet uns der Alltag so viele Möglichkeiten, wie wir in bestimmten Situationen agieren oder auf bestimmte Ereignisse reagieren können, dass wir nicht in der Lage sind, alle Alternativen wahrzunehmen; weder im Privat- noch im Berufsleben. Systemtheoretiker nennen das Umweltkomplexität: weil es sich um eine Komplexität handelt, die erst mal außerhalb von uns selbst ist.

Das Arbeitsleben besteht zu einem großen Teil aus Entscheidungen in komplexen Situationen. Menschen können diese Komplexität nur mit Hilfe von Sinn reduzieren.

Daraus ergeben sich folgende Grundannahmen und Thesen:

1. Die Suche nach Sinn ist nicht etwas für Philosophen, sondern die wichtigste Voraussetzung, unser Leben zufrieden, aktiv und selbstständig zu gestalten und die Komplexität des Alltags zu bewältigen.
2. Die Lebens-, Wirtschafts- und Arbeitswelt ist komplex. Komplexität bedeutet: Wir können nicht alle Möglichkeiten des Erlebens und Handels ausprobieren, die uns unsere Umwelt darbietet.
3. Sinn kann sich verändern, denn er ist immer situationsbezogen. Sinn ist individuell und deshalb kann es nur abstrakte Definitionen geben, weil Sinn sonst eine Doktrin wäre, die missbräuchlich genutzt werden könnte.
4. Um überhaupt in dieser Umwelt handlungsfähig zu sein, müssen wir diese Komplexität reduzieren; uns Möglichkeiten des Erlebens und Handelns auswählen. Also ständig entscheiden, wie wir handeln wollen.
5. Diese Umweltkomplexität reduzieren Menschen mithilfe von Sinn. Sie ordnen ihrem Erleben und ihren Handlungen Sinn zu.
6. Neue Handlungen müssen Anschluss an bisherige Handlungen haben. Dadurch entsteht Systemstabilität und Identität.
7. Eine Handlungsmöglichkeit auszuwählen, beinhaltet immer das Risiko, die falsche Entscheidung zu treffen.
8. Wir sind zum Auswählen, also zum Handeln, gezwungen, denn wir können nicht nicht entscheiden und nicht nicht handeln. Auch das Nicht-Entscheiden ist eine Entscheidung.
9. Sinn wird durch all das erzeugt, was einem persönlich langfristig wichtig ist und Orientierung bietet.
10. Sinn entsteht durch die Werte und Wünsche, für die jemand eine kurzfristige Bedürfnisbefriedigung zurückstellt, um langfristige Ziele zu erreichen. Nur dadurch kann jemand einen größeren Gesamtzusammenhang seiner Werte und Wünsche bezogen auf seine Ziele herstellen.

11. Persönlichen Sinn ergeben all die Dinge, für die es sich im eigenen Lebensrückblick gelohnt haben wird, gelebt zu haben.
12. Die Orientierung an einem selbstdefinierten Sinn, der nicht zu einer Verletzung seines Umfeldes führt, ist der Weg zu persönlicher Zufriedenheit.

Werte-Erkennung

Arbeitnehmer und -geber müssen, um überhaupt handlungsfähig zu sein, diese wachsende Komplexität für sich verringern, sich also jeweils für eine Reaktion oder Aktion in verschiedenen Situationen entscheiden. Sie können das, indem sie dieser Wahl jeweils Sinn zuordnen.

Menschen prüfen also, bewusst oder unbewusst, immer noch wie zu Urzeiten, ob eine Handlung für sie Sinn ergibt – oder nicht. Ob eine Entscheidung für sie stabilisierend ist oder destruktiv.

Diese Orientierung führt sie zu den Zielen, die sie im Leben ansteuern möchten. Das gibt den Menschen im Leben Halt und stärkt sie in Krisen.

Da das Erleben der Alltagskomplexität jeden Menschen zur Reduktion zwingt, ist dies wohl auch einer der Gründe, warum Ratgeber wie »Simplify your life« oder die diversen »Für-Dummies«-Bücher regelmäßig auf Bestsellerlisten zu finden sind. Sie zeigen deutlich das Bedürfnis auf, der wachsenden Komplexität Herr zu werden. Der Vorteil, den diese Ratgeber einerseits haben, ist gleichzeitig ihr Nachteil, denn Vereinfachung befriedigt nur bedingt. Wie meistens in der Praxis, kommt es auch hier auf das rechte Maß an, auf die richtige Mischung, auf Abwechslung. Menschen, die ihre Lebensmittel überwiegend beim Discounter kaufen, wissen es ja auch besonders zu schätzen, ab und an auch Delikatessen zu erwerben.

Die richtige Mischung macht's

Das Leben ist komplex. Wir können daher nicht alle Möglichkeiten des Erlebens und Handelns, die uns unsere Umwelt bietet, gleichzeitig wahrnehmen. Während auf der einen Seite Überkomplexität zur Handlungsunfähigkeit führt, weil alle Bereiche immer und immer wieder durchleuchtet und durchdacht werden, führt Unterkomplexität zur Abstumpfung und fehlenden Sinnhaftigkeit des Handelns und Erlebens. Je tiefer man in ein Thema eindringt, desto mehr wird das Thema differenziert und desto stärker steigt wiederum die Komplexität. Dies führt aber nicht zu einer Handlungsunfähigkeit, sondern ist gerade eines der Fundamente für Flow-Momente, das »Zufrieden im Fluss sein«[1].

Wir brauchen deshalb im Arbeitsalltag eine gute und gesunde Mischung aus Komplexitätsaufbau und Komplexitätsreduktion: Wenn wir schnell handeln müssen, benötigen wir eine schnelle Methode zum Komplexitätsabbau, wenn wir etwas Befriedigendes leisten wollen, müssen wir gewöhnlich Komplexität aufbauen. Spannung und Entspannung müssen sich die Waage halten, weshalb auch Work-Life-Balance-Konzepte immer stärker nachgefragt werden.

Die Trennung zwischen Berufs- und Privatleben, wie in solchen Konzepten oft üblich, ist aber nur aus einer analytischen Betrachtung her möglich, weil wir immer derselbe Mensch, sowohl während unserer Arbeit als auch in unserer Freizeit sind. Und die gedankliche Beschäftigung mit unserer Arbeit nehmen wir mit in den Privatbereich und umgekehrt. Wir müssen, um Zufriedenheit am Arbeitsplatz zu erfahren und um motiviert und erfolgreich für uns und unser Unternehmen arbeiten zu können, uns permanent zwischen den beiden Polen Routine und Spannung bewegen. Und das möglichst sowohl während der Arbeit als auch in der Freizeit. Die Realität sieht aber oft so aus, dass wir während der Arbeit unter Anspannung stehen und den Ausgleich in der Freizeit suchen. Gesünder wäre es, wenn wir die Möglichkeit hätten, bereits während der Arbeit zwischen An- und Entspannung zu balancieren.

Durch die Arbeitsteilung, die sicherlich eine unserer gesellschaftlich wichtigsten Errungenschaften ist, weil sie die Stärken des Einzelnen fördert, kann andererseits schnell jemand als Spezialist abgestempelt bzw. regelrecht stigmatisiert werden. Wenn diese Rolle nicht unseren Talenten entspricht und wir darin keinen Sinn für die Gemeinschaft erkennen, kann unsere Arbeit schnell zu einer für uns sinnlos erscheinenden Routine verkommen. Demotivierung ist die Folge.

Um Missverständnissen vorzubeugen: Nicht jeder kann in jeder Arbeit kurzfristig Befriedigung finden. Es gibt sicherlich Tätigkeiten in jedem Job, deren persönlicher Sinn genauso schwer zu erkennen ist wie deren Einbettung in eine gesellschaftliche Aufgabe – selbst bei der besten Einstellung und dem besten Bemühen. Wenn das Herstellen von Sinn nicht gelingt, dann ist der Ausgleich im Privatbereich überlebensnotwendig, zumindest für das psychische Wohl. Entspannungstechniken und Freizeitausgleich wie beispielsweise Tai-Chi, für Abendländer angepasste Meditationen oder Wellness, Sport und Spiel können hier eine ebenso wichtige Rolle spielen wie z. B. das Engagement in einem Ehrenamt.

Was ist einem wirklich wichtig?

Nur wer regelmäßig seine eigene Situation überprüft und sich selbst fragt, ob er am Arbeitsplatz zufrieden ist und einer sinnvollen Aufgabe zum Broterwerb nachgeht, wird langfristig glücklich sein.

Fragen nach dem eigenen Sinn oder ob es vielleicht für alle Menschen einen übergeordneten Sinn geben könnte, die wir uns als Jugendliche vielleicht manchmal gestellt haben, werden oft viele Jahre vergessen, verlieren an Bedeutung und tauchen bei einigen Menschen erst in der »Mitte des Lebens« wieder auf. Doch jene, die nie aufgehört haben, nach ihren Talenten zu leben, ob ihr Bedürfnis nach sinnvoller Betätigung nun gerade befriedigt ist oder nicht, werden nicht so stark von einer Krise überrascht. Andere werden erst durch die

Geburt eines Kindes, durch Krankheit oder den Tod naher Angehöriger, Freunde oder Kollegen daran erinnert, dass die Zeit, die man zur Verfügung hat, doch sehr begrenzt ist. Und dann taucht die Frage auf, ob das, was sie aus dieser Zeit gemacht haben, wirklich immer das Richtige für sie war.

Aber warum setzen viele Menschen, die einer sinnvollen Tätigkeit nachgehen wollen, diese im Alltagswissen vorhandenen Erkenntnisse nicht einfach um? Wahrscheinlich, weil viele tatsächlich verlernt haben, sich regelmäßig zu überprüfen und sich die Frage zu stellen, was einem individuell wichtig ist.

Eigene Unzufriedenheit sagt uns: Tu was!

Wenn einem die eigene Unruhe und Unbefriedigtheit bereits selbst auffällt, wenn man anfängt, sich regelmäßig während der Arbeitszeit auf den Abend zu freuen, weil man dann endlich seinen Bedürfnissen nachgehen kann, dann ist es höchste Zeit, etwas zu ändern. Denn an diesem Punkt beginnt man bereits, seine Persönlichkeit zu spalten. Hier die Balance zwischen verschiedenen, vielleicht sogar extrem weit voneinander entfernten Polen wiederherzustellen, ist gewöhnlich schwieriger, als das Gleichgewicht durch eine mehr oder weniger gute Zentrierung in der Mitte zu erreichen. Mit der Zentrierung in der Mitte sind hier keine asiatischen Techniken gemeint, obwohl diese selbstverständlich auch zum Finden des Gleichgewichts beitragen können, sondern der Versuch, die Arbeit für sich so sinnvoll zu gestalten oder den Sinn der eigenen Arbeit soweit zu erkennen, dass es einerseits zu einer echten Zufriedenheit bereits am Arbeitsplatz kommt und andererseits der größtmögliche Nutzen für das eigene Unternehmen oder auch die Gesellschaft erkannt wird.

Sowohl Ergebnisse von Untersuchungen, die der Autor in verschiedenen Unternehmen mit insgesamt mehreren tausend Mitarbeitern durchgeführt hat, als auch Resultate aus Befragungen anderer

Institute zeigen, dass Menschen mit sehr deckungsähnlichen Aufgabenfeldern ihre daraus gezogene Befriedigung völlig unterschiedlich erleben. Bei dem einen führen seine Aufgaben zu einem »hohen Engagement am Arbeitsplatz«, bei anderen zu »Dienst nach Vorschrift«. Und das, obwohl beide gleiche Arbeitsbedingungen vorfinden. Der Mensch reagiert eben unterschiedlich.

Engagement entsteht innen und außen

Eine Kernthese dieses Buches ist, dass der Unterschied zwischen diesen beiden Gruppen darin liegt, wie viel Sinn sie jeweils in die Tätigkeit, die sie ausüben, legen können. Sinnfindung und Umgang mit Komplexität sind nur bedingt von den vorgegebenen Möglichkeiten in Unternehmen abhängig, weil es sowohl individuelle als auch strukturelle Ursachen hat, wie jemand mit der Thematik für sich umgeht. In der Theorie sind Individualität und Unternehmensstruktur zwar klar unterscheidbare Sphären, doch im Alltag sind beide Aspekte nahezu untrennbar miteinander verwoben.

Es gibt Unternehmen, in denen es einen vergleichbar überproportionalen Anteil an engagierten und sich mit dem Unternehmen identifizierenden Mitarbeitern gibt, und es gibt Firmen, die einen sehr geringen Anteil an zufriedenen und motivierten Mitarbeitern haben. Und das nicht nur innerhalb der gleichen Branche, sondern auch in nahezu identischen Geschäftsfeldern. Und es gibt Unternehmen, in denen die Mitarbeiter ihr Engagement deutlich verringert haben, weil sie nach betrieblichen Veränderungen den Geschäftszweck nicht mehr erkennen konnten. Wenn etwa ein TV-Sender, dessen Ziel es ist, gutes Fernsehen zu machen, an die Börse geht, vorher aber seine Mitarbeiteranzahl um die Hälfte reduziert, um durch die neue Kostenstruktur attraktiver für Investoren zu werden, so wird auch die Chance dieses Senders, Qualität zu liefern, halbiert.

Das ist oft der Fall, wenn nach einem Börsengang sich der Zweck

– von einer scheinbar sinnvollen Tätigkeit zur scheinbar ausschließlichen Vermehrung des Geldes an der Börse – zu verschieben beginnt und es dem Unternehmen nicht gelingt, den hinter der Kapitalerhöhung liegenden Sinn glaubhaft zu vermitteln.

Die Ergebnisse der Untersuchungen zeigen: Engagement hängt nicht nur von äußeren, sondern auch von inneren Faktoren, wie der persönlichen Einstellung zur Arbeit, ab. Es tragen also sowohl die Arbeitsbedingungen als auch jeder Einzelne selbst zur Zufriedenheit am Arbeitsplatz bei.

Kapitel 2

Faktor: Fehlschlüsse

Wie wir unser Leben gestalten, wird nicht nur durch das bestimmt, was wir direkt erleben oder beeinflussen können, sondern auch durch die Denkmuster, die sich im Laufe der Jahre in uns verfestigt haben. Von ihnen hängt unsere Zufriedenheit maßgeblich ab, weil sie dazu beitragen, welches Bild wir von unserer Umwelt und unseren Möglichkeiten im Kopf haben.

Wie oft hört man bei Diskussionen im Alltag oder in den Medien, wie jemand irgendwann sagt: »Aber der Umkehrschluss ist doch …«, »Dann müsste ich im Umkehrschluss Folgendes tun …«, und schon scheint das zuvor erarbeitete Argument widerlegt. Wir unterliegen hier aber einem Trugschluss. Der Umkehrschluss erschwert insbesondere dann das Leben, wenn wir unser Verhalten nach ihm ausrichten. »Nur wenn die Rechnung rechtzeitig gestellt ist, erfolgt die Zahlung pünktlich.« Die Zahlung erfolgt unpünktlich, also ist die Rechnung nicht rechtzeitig gestellt worden? Jeder Unternehmer erkennt hoffentlich sofort an diesem Beispiel, wie unnötig es wäre, seine Buchhaltung dafür zur Verantwortung zu ziehen, wenn der Kunde verspätet zahlt. Denn jeder, der im Berufsleben schon einmal auf Zahlungseingänge gewartet hat, weiß, dass dieser Umkehrschluss nicht richtig sein kann. Neben schlechter Zahlungsmoral können z. B. auch Zahlungsschwierigkeiten oder schlichtes Vergessen die Ursache der Verzögerung sein.

Der ehemalige österreichische Formel 1-Fahrer und Rennstallchef (Toro Rosso) Gerhard Berger, von den Medien oft auch als »Hättiwari« bezeichnet, unterlag mit seiner ständig wiederkehrenden Aussage »Hätt' ich nicht so viel Pech, wäre ich schon Weltmeister,« ebenfalls einem Umkehrschluss; weil zum Rennfahren nicht nur Glück, sondern auch Talent gehört.

Man kann die Gültigkeit von bestimmten Aussagen überprüfen, indem man die beiden positiv formulierten Bedingungen negiert: »Um zu leben, braucht der Mensch Sauerstoff.« Diese Aussage kann man leicht durch das Negieren der beiden Bedingungen überprüfen: Kein Sauerstoff = kein Leben. Also stimmt die Behauptung, dass der Mensch Sauerstoff zum Leben benötigt.

Aus dieser Überprüfungsmethode, welche die Logiker Kontraposition nennen, hat sich in unserem Alltagsbewusstsein der »falsche« Umkehrschluss eingeschlichen, der vielen Menschen das Leben immer wieder erschwert, weil er ihnen wie erwähnt Erklärungsmuster bietet, die auf einem Trugschluss basieren.

Schluss mit Selbstvorwürfen

Auch Selbstvorwürfe beruhen oft auf einem falschen Umkehrschluss: »Immer wenn ich mein Kind vom Unterricht abgeholt habe, ist ihm nichts passiert. Gestern habe ich mein Kind nicht vom Unterricht abgeholt und es hatte einen Unfall.« Dass hier viele andere Randbedingungen hinzugekommen sein müssen, ist für Außenstehende in dieser Situation wahrscheinlich leichter nachzuvollziehen als für die Betroffenen.

Aber auch hier unterliegen diejenigen, die sich von einer falschen Logik blenden lassen, eben einem Trugschluss, wie das folgende Beispiel verdeutlicht:

I. Feststellung: »Wenn bei einem Auto der Motor ausgebaut ist, fährt das Auto nicht mehr.«

II. Der Umkehrschluss lautet: »Wenn das Auto nicht mehr fährt, ist der Motor ausgebaut.«

III. Prüfung: Dieser Umkehrschluss ist falsch. Das lässt sich deutlich daran erkennen, dass einem viele Möglichkeiten einfallen, warum das Auto nicht fahren kann, ohne dass jemand den Motor ausgebaut hat: die Batterie könnte leer sein, das Auto hat vielleicht kein Benzin, die Zündkerzen könnten kaputt sein usw. Techniker könnten lange Listen mit Gründen, unter welchen Umständen ein Auto nicht fährt, füllen.

Auch wenn an diesem Beispiel sofort deutlich wird, dass ein Umkehrschluss ein Trugschluss sein kann, unterliegen wir im Alltag oft der Versuchung, uns durch Umkehrschlüsse nicht nur zu täuschen, sondern auch unser Handeln danach auszurichten. Probieren wir es einmal hiermit:

Aussage	Umkehrschluss	Prüfung
»Eine gute Werkstatt ist teuer.«	»Wenn eine Werkstatt teuer ist, dann ist sie gut.« Oder andersherum: »Wenn eine Werkstatt günstig ist, dann kann sie nicht gut sein.«	Der Umkehrschluss ist falsch: Eine Werkstatt kann nur deshalb teuer sein, weil die Kunden das bei einer guten Werkstatt erwarten und deshalb der Preis als Marketinginstrument eingesetzt wird. Eine günstige Werkstatt kann trotzdem gut und günstig sein, weil sie z. B. ihre Kosten optimiert haben kann, besonders günstige Einkaufsbedingungen hat und beides an ihre Kunden weitergibt usw.
»Wenn ein Unternehmen seine Kosten optimiert hat, kann es günstige Preise anbieten.«	»Wenn ein Unternehmen keine günstigen Preise hat, hat es seine Kosten nicht im Griff.«	Es kann sein, dass das Unternehmen hohe Grundkosten hat, weil es besonders hochwertige Rohprodukte verwendet und viel in die Weiterbildung der Mitarbeiter investiert, aber trotzdem die Kosten optimiert hat usw.
»Die Datensicherung ist in den vergangenen zehn Jahren kein einziges Mal benötigt worden.«	»Eine tägliche Datensicherung ist daher übertrieben.«	Wir können nicht aus der Vergangenheit auf Ereignisse in der Zukunft schließen.
»Ein guter Lehrer fördert die Schüler und damit ihre Leistungen.«	»Der Schüler ist schlecht, also ist der Lehrer schlecht. Beim vorherigen Lehrer Müller war mein Kind besser als bei Lehrer Meier, also muss der Lehrer schuld sein.«	Es kann viele Gründe für schlechte Noten geben, z. B. dass der Schüler sich aus familiären Gründen in der Schule verweigert, er kann minderbegabt sein, er kann in einer Trotzphase sein usw.
»Erfolgreiche Menschen sind glücklich.«	»Man muss erfolgreich sein, um glücklich zu sein.«	Es gibt Menschen, die nach herrschenden Maßstäben nicht erfolgreich sind und trotzdem glücklich scheinen. Nonnen und Mönche gelten z. B. bei vielen in der Gesellschaft als nicht erfolgreich, aber trotzdem als glücklich.

Aussage	Umkehrschluss	Prüfung
»Wer schwach ist, braucht Hilfe.«	»Wer Hilfe annimmt, ist schwach.«	Dieser falsche Umkehrschluss führt oft zu Beratungsresistenz. Wer Hilfe annimmt, weiß von seinen eigenen Grenzen und weiß, dass man nicht für alles selbst Spezialist sein kann. Auf die Erfahrung anderer zurückzugreifen, ist ein wichtiger Aspekt des Lernens.
»Menschen, die aus Krisen gestärkt hervorgehen, denken positiver als andere Menschen.«	»Positives Denken hilft Krisen zu überwinden.«	Positives Denken allein hilft nicht, um Krisen zu überwinden. Man braucht zusätzlich Problemlösungskompetenz und viele andere Rahmenbedingungen, um Krisen zu meistern.
»Rita ist glücklich, weil sie den Mann fürs Leben gefunden hat.«	»Man muss den Mann fürs Leben finden, um glücklich zu sein.«	Es gibt erwiesenermaßen auch andere Möglichkeiten, glücklich zu werden. Es gibt auch glückliche Singles, nicht nur unter Missionaren.

Schlussfolgerungen, sowohl richtige als auch falsche, haben einen starken Einfluss darauf, wie wir unser Lebenskonzept gestalten und unsere Möglichkeiten einschätzen. Wenn wir aufgrund eines falschen Schlusses handeln, dann identifizieren wir uns in der Regel auch mit dieser Schlussfolgerung. Anschließend diese Entscheidung zu revidieren, bedeutet immer auch, ein Stück Identität aufzugeben.

Je länger wir an Entscheidungen festhalten, die wir aufgrund eines falschen Umkehrschlusses getroffen haben, desto stärker haben wir uns mit ihnen identifiziert und desto schwieriger wird eine Veränderung für uns sein.

Dem ehemaligen Sklaven und Philosophen Epiktet, der zwischen ca. 50 bis 125 n. Chr. lebte, wird folgendes berühmte Zitat zugeschrieben: »Es sind nicht die Dinge, die uns beunruhigen, sondern die Meinungen, die wir von den Dingen haben.« Wären Umkehrschlüsse zulässig, würde das – umgelegt auf unser Thema – bedeuten, dass ein Unternehmer auch schlechte oder menschenverachtende Arbeitsbedingungen schaffen könnte. Es läge nicht an den miserablen Arbeitsbedingungen, sondern an der Einstellung der Mitarbeiter, wenn diese nicht zufrieden wären.

Wir müssen unsere Lebenskonzepte deshalb ab und an daraufhin prüfen, ob wir nicht zu viele Umkehrschlüsse in unserem Leben zugelassen haben. »Immer wenn er viel Zahlenmaterial zur Verfügung hatte, konnte er gute Entscheidungen treffen«, darf nicht zu dem Umkehrschluss führen, dass jemand keine oder nur schlechte Entscheidungen trifft, wenn er wenig Zahlenmaterial zur Verfügung hat. Sinn ist, wie bereits erwähnt und später noch vertieft wird, die Grundlage aller Entscheidungen. Wenn jemand unbedingt einen Messfaktor für seine Entscheidungen benötigt, dann scheint ein solcher Faktor wie z. B. Geld auf den ersten Blick eine angenehme Vereinfachung der Sachlage zu sein, um eine Orientierung zu bieten. Langfristig werden Entscheidungen jedoch nicht ausschließlich an messbaren Faktoren ausgemacht. Seinen Lebenspartner würde mit dieser Einstellung niemand heiraten.

Eine grundlegende Lösung wäre es sicherlich, bereits an den Schulen stärker selbstständiges Denken und Schlussfolgerungen zu fördern. Also zu lehren, Zusammenhänge besser zu erkennen, anstatt den Schwerpunkt auf reine Wissensvermittlung zu legen. Hans Christian Andersen hat durch sein Märchen »Des Kaisers neue Kleider« bereits vor über 170 Jahren versucht, die Öffentlichkeit für Umkehrschlüsse zu sensibilisieren.

Zwischenbilanz:

Umkehrschlüsse führen zu Denkmustern, die unser Leben negativ beeinflussen können. Denkmuster aufzulösen ist schwer. Problematisch wird es dann, wenn Umkehrschlüsse Denkmuster entstehen lassen, die es uns unmöglich machen, uns zu ändern.
Wenn jemand in einem Gespräch oder in einer Verhandlung einen Umkehrschluss als Argument anführt, dann kann man die Gültigkeit sofort prüfen, indem man beide Satzaussagen negiert. Wenn die Aussagen danach keinen Sinn mehr ergeben, ist der Umkehr-

schluss ein Trugschluss. Wird dies erkannt und dem Gegenüber auch vermittelt, dann kann gemeinsam nach einer sinnvollen Antwort für die jeweilige Situation gesucht werden, damit der Fehlschluss uns nicht fehlleitet.

Des Kaisers – immer wieder – neue Kleider

In dem Märchen »Des Kaisers neue Kleider« von Hans Christian Andersen wird die heute leider immer noch aktuelle Geschichte erzählt, wie wir uns durch »Marketingexperten« geschickt Ungereimtheiten und falsche Schlussfolgerungen aufschwatzen lassen, um dafür auch noch Geld zu bezahlen.

Aus falscher Höflichkeit oder falscher Bescheidenheit sagen wir oft nicht wie Kinder das, was wir wirklich sehen, sondern geben dem anderen meist recht und oftmals auch unser Geld. Häufig stimmt eben doch das Sprichwort »Nur Kinder und Irre sagen die Wahrheit«. Wir nehmen nicht nur Werbeversprechen hin, sondern auch die vermeintlichen Zusagen über Zukunfts- und Arbeitsplatzsicherheit, die uns eigentlich niemand geben kann. Einige Menschen unterliegen auch durch das geschickte Vorgehen der Betrüger dem Trugschluss, sie seien dumm, weil sie die besonderen Kleider nicht erkennen können.

Vor vielen Jahren lebte ein Kaiser, der so ungeheuer viel auf neue Kleider hielt, dass er all sein Geld dafür ausgab, um recht geputzt zu sein. (…) Eines Tages kamen (…) zwei Betrüger, die gaben sich für Weber aus und sagten, dass sie das schönste Zeug, was man sich denken könne, zu weben verstanden. (…) Die Kleider, die von dem Zeuge genäht würden, sollten die wunderbare Eigenschaft besitzen, dass sie für jeden Menschen unsichtbar seien, der nicht für sein Amt tauge oder der unverzeihlich dumm sei. (…) Alle Menschen in der ganzen Stadt wussten, welche besondere Kraft das Zeug habe, und alle wa-

ren begierig zu sehen, wie schlecht oder dumm ihr Nachbar sei. (…)
Alle Menschen in der Stadt sprachen von dem prächtigen Zeuge. Nun wollte der Kaiser es selbst sehen, während es noch auf dem Webstuhl sei. Mit einer ganzen Schar auserwählter Männer (…) ging er zu den beiden listigen Betrügern hin, die nun aus allen Kräften webten, aber ohne Faser oder Faden. (…)
»Was!«, dachte der Kaiser, »ich sehe gar nichts! Das ist ja erschrecklich! Bin ich dumm? Tauge ich nicht dazu, Kaiser zu sein? Das wäre das Schrecklichste, was mir begegnen könnte.« – »Oh, es ist sehr hübsch«, sagte er, »es hat meinen allerhöchsten Beifall!«, und er nickte zufrieden und betrachtete den leeren Webstuhl; er wollte nicht sagen, dass er nichts sehen könne. Das ganze Gefolge, was er mit sich hatte, sah und sah, aber es bekam nicht mehr heraus als alle die andern, aber sie sagten gleich wie der Kaiser: »Oh, das ist hübsch!« Und sie rieten ihm, diese neuen prächtigen Kleider das erste Mal bei dem großen Feste, das bevorstand, zu tragen. (…)
»Ei, wie gut sie kleiden, wie herrlich sie sitzen!«, sagten alle. »Welches Muster, welche Farben! Das ist ein kostbarer Anzug!« (…) Keiner wollte es sich anmerken lassen, dass er nichts sah; denn dann hätte er ja nicht zu seinem Amte getaugt oder wäre sehr dumm gewesen. (…)
»Aber er hat ja gar nichts an!«, sagte endlich ein kleines Kind. »Hört die Stimme der Unschuld«, sagte der Vater; und der eine zischelte dem andern zu, was das Kind gesagt hatte.
»Aber er hat ja gar nichts an«, rief zuletzt das ganze Volk. Das ergriff den Kaiser, denn das Volk schien ihm recht zu haben, aber er dachte bei sich: »Nun muss ich aushalten.« Und die Kammerherren gingen und trugen die Schleppe, die gar nicht da war.

Im Prinzip ist in der Botschaft der Betrüger in dem Märchen sogar die Wahrheit der Situation versteckt: »Alle Menschen in der ganzen Stadt wussten, welche besondere Kraft das Zeug habe, und alle waren begierig zu sehen, wie schlecht oder dumm ihr Nachbar sei.«

Denn genau das konnte man sehen, wenn man als Bürger der Stadt sich selbst vertraut und daraus den Mut gewonnen hätte, das zu wagen, was erst ein Kind unternahm, nämlich zu sagen: »Aber er hat ja gar nichts an!« Dann hätte man an den »Kleidern« tatsächlich erkennen können, wie dumm der Nachbar ist. Die dahinter liegende Botschaft, nicht immer nur das zu glauben, was andere tun, scheint im Zeitalter des Informationsparadoxons – in immer kürzerer Zeit immer mehr Information zur Verfügung zu haben – nicht mehr ständig transparent zu sein. Für alles brauchen wir Zahlen, besonders beliebt sind Durchschnittswerte, um uns orientieren zu können. Oft ganz nach dem Motto: Wer in der Mitte lebt, eckt nicht an.

Zwischenbilanz:

Die Menschen in dem Märchen haben die Tatsachen richtig erkannt, aber falsch bewertet und deshalb den falschen Schluss daraus gezogen, nämlich dass sie dumm oder ihres Amtes nicht würdig wären. Hätten sie den Zweifel in diesem Fall nicht gegen sich selbst gehegt, sondern den Mut aufgebracht, ihren Zweifel mit anderen zu teilen, hätten die Betrüger in dem Märchen keine Chance gehabt. Eine Lösungsmöglichkeit ist, seine Wahrnehmung zu überprüfen, indem man sie mit bisherigen Erfahrungen abgleicht

Selbstverständlichkeiten sind nichts Besonderes

Die Frage, die sich hier stellt, ist, wie vielen Menschen heute noch in unserem Wirtschaftsleben »unsichtbare Kleider« verkauft werden. Wie viele Menschen im Arbeitsleben haben das Gefühl, dass sie selber unsichtbare Dinge und Vorteile verkaufen müssen oder diese Situation aushalten müssen, dagegen aber nichts sagen dürfen, damit sie nicht für »dumm verkauft« werden? Wie oft erleben wir im Geschäftsleben, dass Selbstverständlichkeiten als besonderer Bonus oder Nonplusultra der Entwicklung verkauft werden; ob es sich um neue Management-Methoden, die in immer kürzeren Zyklen ausgetauscht werden, oder um neue Technik handelt. Microsoft wird die Aussage »It's not a bug, it's a feature« (»Es ist kein Fehler, sondern eine hervorstechende Eigenschaft«) zugeschrieben. Anfangs wurde das Rauschen, das beim Mobiltelefonieren entstand, wenn in der analogen Ära zu viele Menschen gleichzeitig über zu wenige Sende- und Empfangsstationen telefonierten, von den Anbietern als »Komfortrauschen« verkauft. Damit man weiß, dass man noch eine Verbindung hat, wenn der Gesprächspartner gerade mal nichts sagt, sondern nachdenkt. Und viele Menschen, nach plausiblen Antworten suchend, geben sich damit scheinbar zufrieden, indem sie ihr Misstrauen verschweigen.

Aber dieses Muster funktioniert nur dann, wenn Menschen nicht auf das Wesentliche in ihrem Leben achten. Innerlich geben sich die Menschen mit derartigen Konstrukten anscheinend doch nicht zufrieden. Der Friede, der nach außen gewahrt wird, ist oft nur die Scheu vor der direkten Konfrontation. Es ist derzeit noch ein stiller Widerstand. Dieser wird aber sicherlich nach der zweiten großen Börsenblase innerhalb von zehn Jahren wachsen.

Beim Zusammenbruch des Finanzmarktes im September 2008 spricht selbst der renommierte Yale-Wirtschaftswissenschaftler Robert Schiller davon, dass das Grundproblem der Finanzkrise eine Blase war: »Das Ausmaß und die Schwere der Krise waren weltweit offensichtlich. Trotzdem zeigten sich die USA seit Wochen oft erschreckend handlungsunfähig (…). Wir haben es hier mit einem psychologischen Problem zu tun: Das Vertrauen bricht zusammen. Darauf haben die meisten Finanztheorien leider keine Antwort.« [2]

Wenn sich heutzutage Menschen über Werte und Unternehmenswerte unterhalten, dann sind Missverständnisse stärker vorprogrammiert als zu früheren Zeiten. DAX-Werte und ähnliche Börsenmaßstäbe sind nicht die alleinigen Skalen, die unsere Gesellschaft oder Unternehmen fassbar machen. Werte wie Vertrauen, Zusammenhalt, Qualitätsbewusstsein, Unternehmenstreue, Loyalität, Ehrlichkeit, Zuverlässigkeit usw. lassen sich nicht so einfach an Börsenwerten messen. Arbeitnehmer und Unternehmer müssen deshalb wieder stärker darauf achten, dass Strategien nicht nur auf Finanzwerten, sondern auch auf qualitativen Werten beruhen, die die Menschen bewegen. Wenn Unternehmensziele auf z. T. nur vorgeschobenen Strategien basieren, dann sind sie so durchsichtig, wie bei Hans Christian Andersen beschrieben. Und Durchsichtigkeit ist, wie der Begrifft sagt, eben durchschaubar. Auch wenn viele Menschen das nicht zu sagen wagen.

Arbeitnehmer können die für sie wichtigen Dinge von durchsichtigen Marketingargumenten der Unternehmen durchaus unterscheiden und durchschauen. Sie durchschauen auch, ob Aufgaben einen wichtigen Stellenwert in ihrem Leben einnehmen. Je nachdem, ob ein Lebenssinn erfüllt wird oder nicht, wird das Engagement einsetzen oder ausfallen. Dienen die Aufgaben und die Erklärungsmuster nur dazu, möglichst viel Gewinn für die Eigentümer zu erzielen, aber jene, die an der Erwirtschaftung beteiligt sind, nicht am Gewinn teilhaben zu lassen, dann wird die Erklärungsnot der Arbeitgeber naturgemäß größer und das Engagement der Arbeitnehmer immer geringer. Daher hat Google seine Mitarbeiter beispielsweise an den Aktien beteiligt bzw. besitzen Mitarbeiter Aktienoptionen als Teil des Gehalts – eben um das Engagement aufrechtzuerhalten.

Zwischenbilanz:

Der Glaube an finanzielle oder berufliche Sicherheit ist heute trügerischer als jemals zuvor. Eine Orientierung an den hinter diesem Sicherheitswunsch liegenden Sinn und Werten ist wichtig. Denn durch Orientierung an Werten können Menschen besser prüfen, ob z. B. von Arbeitgebern vorgeschlagene Maßnahmen wirklich Sinn für sie ergeben und zielorientiert sind. Deshalb kann gerade die Orientierung an Werten wieder die nötige Stabilität von Wirtschaftssystemen bieten.

Kapitel 3

Faktor: Werte und Ziele

Vor der industriellen Revolution haben die Menschen einen Sinn durch ihren spezifischen Platz in der Gemeinschaft erfahren und in der Urzeit waren die Rollen in der Gesellschaft wohl überhaupt am klarsten verteilt. Da die Welt einem ständigen Wandel unterliegt und inzwischen deutlich komplexer geworden ist, sind wir darauf angewiesen, unseren Entscheidungen immer wieder einen neuen Sinn zu geben. Anders könnten wir die Komplexität nicht bewältigen, zumindest nicht, wenn wir handlungsfähig bleiben wollen. Wahrscheinlich stellt sich deshalb seit Beginn der Menschheit die Frage nach dem Sinn des Lebens. Denn diese Frage hat elementaren Einfluss darauf, wie wir unser Leben planen und gestalten und wie wir unsere Arbeit auswählen. Auch die Zufriedenheit mit unserem Handeln hängt eng mit der Frage nach Sinn zusammen.

Den Sinn des Lebens gibt es nicht – es gibt viele

Die Suche nach dem Sinn des Lebens beschäftigt die Menschheit wahrscheinlich schon ewig. Der Buchmarkt dazu ist riesig, auf Amazon gibt es unzählige Bücher, Audiobooks und Selbsthilfe-DVDs zu diesem Thema. Besonders in Zeiten von Krisen ist die Sinnsuche dabei noch viel aktueller als in Zeiten des Überflusses.

Wenn jemand explizit nach einem Sinn des Lebens fragt, wird er nur wenig befriedigende Antworten finden oder nur jene zu hören bekommen, die ihm religiöse oder esoterische Gemeinschaften vorschreiben. Dass Religionen die einzig wahre Antwort auch nicht haben, zeigt schon die Tatsache, dass mehrere Religionen auf dieser Welt die gültige Antwort für sich in Anspruch nehmen. Auch der Zulauf zu Sekten ist ein Indiz dafür, dass der Mensch auf der Suche nach Antworten vieles in Kauf nimmt.

Mit den heutigen Methoden von Philosophie und Forschung scheint der Nachweis von einem einzigen Sinn des Lebens nicht gelungen zu sein – falls es ihn überhaupt geben sollte. Eine mögliche

Antwort wäre auch nicht widerlegbar und kann daher mit bisherigen Mitteln nur zum Misserfolg führen. Alle Antworten fallen zwangsweise in den Bereich des Glaubens und entziehen sich der Beweisbarkeit. Sucht man aber in Situationen, in denen man sich immer wieder befindet, nach irgendeinem Sinn, dann muss man nicht unbedingt religiös sein, um diesen wirklich zu finden. Es gibt *viele* Dinge im Leben, denen man die verschiedensten Arten von Sinn zuordnen kann.

Die Frage nach dem Sinn des Lebens, also einem einzigen Sinn, basiert, wenn man sie genauso stellt, streng genommen auf einem methodologischen Fehler. Ein Fehler, der bereits in der Fragestellung liegt und der zwangsläufig zu Frustration führen muss.

Die Frage setzt nämlich voraus, dass es den alleinigen Sinn für alle Menschen gleichermaßen gäbe. Wie bereits erwähnt, sind sich selbst professionelle Sinnstifter, nämlich Religionen, darüber aber nicht einig, sonst bräuchte es nicht mehrere Religionen zu geben. Die geschichtlichen Glaubenskriege lehren uns, dass Toleranz wohl eher erreicht werden kann, wenn jedem Menschen sein persönlicher Sinn für seine jeweiligen Lebenssituationen zugestanden würde. Man bräuchte ihn dann nicht mehr mit Gewalt vom »richtigen« Sinn zu überzeugen.

Was hätte ein einziger Sinn für einen Zweck, wenn er verborgen bliebe oder vielleicht nur einer elitären Gruppe zugänglich wäre? Das Leben ist so komplex und voller Möglichkeiten, warum sollte etwas so Kompliziertes wie ein Menschenleben nur einen einzigen Sinn haben?

Zwischenbilanz:

Sucht man nach Sinn, muss die Frage korrekt formuliert werden: »Was *gibt* dem Leben Sinn?«, »Was macht für mich in meiner aktuellen Lebensphase langfristig Sinn?«

Lebensphasen sind Sinnphasen

Je nachdem, in welcher Phase seines Lebens sich jemand befindet, können unterschiedliche Dinge sinnvoll sein und ihm *den* Sinn für diesen Lebensabschnitt geben. Auf die Fragen nach einem möglichen Sinn fallen uns naturgemäß mehr Antworten ein als auf die Fragen nach nur einem einzigen Sinn. Es ist dann spielerisch leicht, eine Liste damit zu erstellen, was einem im Leben wirklich wichtig ist und für das es sich lohnt zu leben; also was für einen selbst Sinn macht. Wenn Kinder einem die Frage nach dem Sinn stellen, dann ist eine hilfreiche Antwort: »Es gibt nicht den Sinn des Lebens, sondern viele. Wenn du also fragst, was ein Sinn des Lebens ist, dann fallen mir viele Antworten ein.«

Diese Überlegungen haben sogar einen pragmatischen Vorteil für Eltern. Sie führen zu Gesprächsstoff mit den eigenen Kindern: Gäbe es nur einen Sinn im Leben, wäre bereits nach einem Gespräch mit seinen Kindern über das Thema der Stoff erschöpft. Denn der eine Sinn sollte dann schließlich für alle gleich plausibel und entsprechend leicht zu erklären sein. Unabhängig von der Beobachtung, dass dies nicht einfach zu erklären ist, und allein dies auch schon einen Hinweis darstellt, dass es den einen nicht geben kann, führt die Feststellung, es müsse mehr als einen Sinn geben, zu dem Vergnügen, immer wieder mit seinen Kindern Gespräche über das Thema führen zu können. Man bleibt also im Dialog miteinander.

Da die Menschen unterschiedlich sind, kann ein Fließbandarbeiter den Sinn in seiner derzeitigen Tätigkeit vielleicht darin sehen, dass er für seine Weltreise in zwei Jahren spart und dieser mit jedem Tag näher kommt. So wird jeder Tag zum Erfolgserlebnis. Sein Kollege am Fließband kann den Sinn darin sehen, seine entfernt wohnende Familie zu unterstützen, den Dritten erfüllt es vielleicht, wenn er dazu beiträgt, dass viele Menschen von dem Produkt, an dem er mitwirkt, einen Nutzen haben.

Vom Gemeinsinn zum Einzelsinn

Auch wenn für jeden Menschen Sinn wahrscheinlich etwas anderes bedeutet: Es gibt auch so etwas wie Gemeinsinn. Werte, über die sich viele Menschen gleichermaßen verständigen: Informelle gesellschaftliche Übereinkünfte und formelle Regelungen wie z. B. der Artikel 2 Absatz 1 im deutschen Grundgesetz verhindern, dass jemand eine sinnvolle Erklärung für sich schafft, indem er anderen Menschen deren Recht auf freie Entfaltung ihrer Persönlichkeit nimmt oder andere verletzt.

Die Frage nach dem Sinn des Lebens scheint so frustrierend oder gar mental lähmend zu sein, dass viele aufgeben, danach zu suchen – und das kommt einer Selbstaufgabe gleich. Der Wunsch nach Befriedigung dieser mühevollen Suche aber bleibt, was vielleicht erklärt, warum sich so viele Menschen gern von dieser Mühe ablenken lassen. Nach einem für die Lebenssituation jeweils passenden Sinn zu suchen ist dabei leichter, weil Teilziele immer einfacher zu erreichen sind als große Ziele. Es führt auch zu einem besonderen Effekt, den die Hirnforschung in den vergangenen Jahren gut untersucht hat: Es entstehen Erfolgsmuster durch die Erfahrung, dass die Suche nach Sinn erfolgreich ist. Und dieser Erfolg spornt einerseits an, bei einer nächsten Lebensphase wieder nach einem Sinn zu suchen, und anderseits verschafft dieser Erfolg Zufriedenheit und unter Umständen sogar einen Zustand immer wiederkehrenden Glücks.

Zwischenbilanz:

Wenn jemand unzufrieden darüber ist, seinen Lebenssinn noch nicht gefunden zu haben, ist es wichtig, zunächst einen Sinn für die jeweils aktuelle Situation zu finden. Das sind kleine Erfolgserlebnisse, die in der Folge wiederum motivierend wirken.

Erfolg-Reich ist nicht erfolgreich

Nach nur einem einzigen Sinn zu suchen, wäre wie ein Kampf gegen Windmühlen oder wie die Arbeit des Sisyphus, der runde Steine auf einen Berg rollen musste, um festzustellen, dass sie immer wieder runterrollten. Sinnsuche kann frustrierend sein, und es ist mitunter leichter, sich erst gar nicht auf diese Suche einzulassen. Das ist vielleicht auch der Grund, warum manche »Erfolg-Reiche« sich mit scheinbar so profanen Dingen wie Sinn oft nicht beschäftigen wollen. Wer nämlich nach einem Sinn für eine Situation oder für eine jeweilige Entscheidung sucht, wird auf eine Fülle von Antworten bzw. Möglichkeiten stoßen. Und die Unterscheidung in sinnvoll und sinnlos scheint vielen »Erfolg-Reichen« zu mühsam. Echte Erfolgsmenschen und Persönlichkeiten nehmen diese Arbeit aber auf sich, weil das ein Teil des Lebenskonzepts ist.

Nicht der Weg ist das Ziel, sondern der richtige Weg

Das Spannende beim Suchen ist das Suchen, nicht das Finden. Wäre es anders, würde der Angler den Fisch kaufen. Nun angelt zwar nicht jeder gern, aber was dem einen das Angeln, ist dem anderen das Fußballspiel, dem Dritten das Radfahren oder das Entwickeln von Computerprogrammen. Geocaching, die moderne GPS-Schnitzeljagd, fasziniert so viele Menschen nicht deshalb, weil die »Schätze«, die man mit einem Navigationsgerät oder einem GPS-Handy finden kann, so wertvoll wären, sondern weil das Suchen Spaß macht und durch das Auffinden des Schatzes und dem Eintrag ins Logbuch belohnt wird.

Viele der Schätze könnte sich wahrscheinlich jeder im Laden selbst kaufen, was aber keinen Spaß machen würde. Und wenn es keine Schätze gäbe, würde auch die Suche keinen Spaß machen. Wäre der Weg allein das Ziel, würde es keine Rolle spielen, welchen Weg jemand ginge. Er könnte ohne Rücksicht auf sich selbst oder andere jeden Weg gehen, der ihm gefiele. Erst wenn jemand in etwa das Ziel kennt und diesen Weg dorthin verfolgt, erlebt er die Zufriedenheit, den Spaß beim Gehen und bei der Suche.

Es ist somit nicht einfach nur der Weg, der das Ziel ist, wie man es oft formuliert findet, sondern die Kombination aus dem Gehen des Weges und der Möglichkeit, das Ziel zu erreichen. Also ist nicht der Weg allein, sondern der »richtige« – und damit »sinnvolle« – Weg das Ziel. Die Möglichkeit, das Ziel zu erreichen, muss, um Befriedigung zu verschaffen, dabei immer als Option gegeben sein.

Ziele geben die grobe Richtung vor

Ein Ziel darf, wenn es zur Zufriedenheit führen soll, nicht zu fixiert sein, sondern nur die Richtung vorgeben. Es sollte stets die Möglichkeit gegeben sein, weitergehen zu können. Sonst würde eine Leere eintreten, wenn das Ziel erreicht ist. Was hätte jemand davon, den Besitz eines bestimmten Autos als Ziel zu haben? Die Erfahrung zeigt, dass keine dauerhafte Befriedigung mit dem Kauf des Autos eintritt und man sich dann nach etwas Neuem umschauen muss. Wenn man aber weiß, welches Ziel hinter dem Autokauf steht, dann kann bei der Suche langfristig Befriedigung gefunden werden. Das Auto wäre möglicherweise nur ein Schritt in die Richtung, aber es könnte genauso gut ein anderer Schritt erfolgen, wenn man das Ziel besser kennen würde.

Menschen, die als Lebensmotiv z. B. ihre Familie haben, sind nicht mit der Gründung der Familie, mit der Geburt der Kinder am Ziel angelangt, nein, sie möchten auch ihren Lebensweg mit der Familie gemeinsam gehen. Neugierige sind nicht befriedigt, wenn Fragen beantwortet sind, denn jede Antwort ergibt neue Fragen, sonst wäre die Wissenschaft oder der Journalismus am Ende. Aber das Generieren neuer Fragen macht nur dann Spaß, wenn das Finden von Antworten als Möglichkeit im Raum steht. Wenn der Angler nie einen Fisch nach Hause bringt, könnte er darüber nachdenken, ob nicht vielleicht die Zen-Meditation die weniger aufwendige Alternative für seine Entspannung wäre. Und wenn jede Minute ein Fisch anbeißen würde, würde es wahrscheinlich in Stress ausarten und die Entspannung durch das Angeln wäre dahin. Die richtige Mischung macht es beim Angeln wie in so vielen anderen Bereichen aus. Das richtige Maß finden.

Sucht man nach einem Sinn für die jeweilige Situation, in der man sich befindet, bleibt sie dauerhaft spannend. Verfolgt man diesen Sinn, so schafft man sich während des Lebens immer wieder eine Reihe von Erfolgserlebnissen. Vor allem, wenn man regelmäßig feststellt, dass man seinen Sinn für sich im Moment als wichtig und richtig erachtet. Das impliziert auch, dass sich der Sinn in unserem Leben immer wieder verändert oder zumindest verändern kann. Denn für ein Kind macht zunächst etwas anderes Sinn als für einen Jugendlichen, für einen Heranwachsenden etwas anderes als für einen Erwachsenen und für einen Sterbenden wiederum etwas anderes als für jemanden, der mitten im Leben steht.

Sinn muss im Vergleich zu persönlichen Erkenntnissen nicht richtig oder falsch sein, um seine Funktion zu erfüllen. Wir brauchen sinnvolle Erklärungen der Welt um uns herum, sonst können wir nicht handeln. Der bereits erwähnte Grundsatz über die freie Entfaltung der Persönlichkeit gewährleistet, sich selbst dann nach seinem Sinn richten zu dürfen, wenn niemand anderes sich gleichartig orientiert, solange man niemand anderem damit schadet.

Was macht Sinn? Kommt darauf an!

Für diejenigen, die sich für einigermaßen nüchtern halten und behaupten, mit beiden Beinen im Leben zu stehen, scheint es auf den ersten Blick befremdlich, sich über das uralte Thema des Sinns Gedanken zu machen. Aber das Thema scheint uns in unserem Alltag, ob privat oder im Arbeitsleben, stärker zu beschäftigen, als vielen vielleicht bewusst ist. Warum können wir uns sonst immer wieder Filme ansehen, Bücher lesen, Lieder hören oder Gespräche führen, die um dieses Thema mehr oder weniger explizit kreisen?

Über den Sinn des Lebens streiten sich Menschen genauso wie über »die« Normalität. Aber woran erkennen wir Normalität? Sie ist situationsabhängig. Ist es normal, dass Geschäftsmänner Anzüge tragen? Ja, aber nicht an einem Badestrand. Genauso ist Sinn situationsabhängig. Unterschiedliche Situationen erfordern unterschiedliche Sinngebung, um deren Komplexität effizient zu verarbeiten. Die Werte, die sich aus dem jeweiligen Sinn ergeben, sind ein wichtiger Antrieb sowohl für unser Handeln als auch für unser Wohlbefinden.

Wie unterschiedlich Menschen Situationen wahrnehmen bzw. bewerten, zeigen Umfragen von Markt- und Meinungsforschungsinstituten zu den verschiedensten Themenbereichen, von der politischen Sonntagsfrage bis hin zur Frage: »Welche technische Ausstattung kaufen Sie?« Die Orientierung an einem Durchschnittswert könnte verglichen werden mit dem Versuch, an nur einen einzigen Sinn zu glauben. Ein Durchschnittswert spiegelt aber nicht die differenzierte Realität wider. Wenn man sich die einzelnen Ausprägungen bei Umfragen anschaut, wird deutlich, dass zu einem Thema nicht nur unterschiedliche, sondern z. T. völlig gegensätzliche Meinungen vertreten werden, die für die Befragten jeweils sinnvoll sind und ihr Handeln im Alltag bestimmen. Wahlergebnisse zeigen deutlich, dass Menschen unterschiedliche Interessen vertreten, weil für sie unterschiedliche politische Ausrichtungen Sinn ergeben.

Höhere Ziele

Sinnsuche hat auch etwas damit zu tun, dass viele wissen möchten, warum sie so viel arbeiten. In unserem Kulturkreis geht es nicht ausschließlich um die Abdeckung der Grundbedürfnisse wie Essen, Kleidung und Unterkunft, sondern ganz deutlich auch um die Befriedigung individueller und kulturell-sozialer Bedürfnisse. Eltern nehmen Entbehrungen in Kauf und verzichten auf bestimmte Konsumgüter, um den Kindern eine bessere Ausbildung und Zukunft zu ermöglichen. Wenn man für ein selbst gesetztes, persönlich definiertes »höheres« Ziel arbeitet, ist es leichter, selbst unangenehme Vorkommnisse auszuhalten. Das zeigen die Biografien von Opfern politischer Verfolgung eindringlich. So z. B. das Lebenswerk von Victor Frankl. Die Suche nach Sinn ermöglichte es ihm, selbst seine Zeit in Konzentrationslagern psychisch stabil zu überleben. Aber man muss seinen persönlichen Sinn für die jeweilige Situation oder Lebenslage suchen und kann auf keinen vorgegebenen allgemeingültigen Sinn zurückgreifen.[3]

Sinn ist also individuell. Immer wieder ist diese Erkenntnis auch Thema bei Künstlern, in der Literatur und bildenden Kunst genauso wie in der Musik. Udo Lindenberg hat es im Lied »Mein Ding« aus seinem Album »Stark wie Zwei« folgendermaßen beschrieben: »Und ich mach mein Ding, egal, was die anderen labern. Was die Schwachmaten einem so raten, das ist egal: Ich mach mein Ding.« In einem Fall wie diesem, wo es keinem anderen wehtut, ist diese freie Entfaltung der Persönlichkeit genau das, was als Grundrecht gesichert und gefördert wird. Auch »Die Ärzte« sagen in ihrem Song »Lasse Reden«: »Lass die Leute reden und hör ihnen nicht zu. Die meisten Leute haben ja nichts Besseres zu tun. Lass die Leute reden bei Tag und auch bei Nacht. Lass die Leute reden, das haben die immer schon gemacht.«

Das setzt natürlich eine gewisse Reife und Erfahrung voraus. Diese Aussage, die in dem Lindenberg-Song positiv gewertet werden kann, weil genau dieses Verhalten Udo Lindenberg zu seinem lang anhaltenden Erfolg geführt hat, wird von einigen Menschen leider genau andersherum interpretiert: Sie machen ihr Ding, egal, was die anderen wollen, nämlich ihren Dienst nach Vorschrift. Aber ist es dann wirklich »ihr Ding«? Nein, sicherlich nicht, weil dann eine tiefere Grundzufriedenheit als Ergebnis ihres Handelns sichtbar wäre.

Schlafendes Wissen wecken

»Wozu dient das Wissen, wenn es nicht praktisch ist?«, fragte bereits am Anfang des 17. Jahrhunderts der spanische Schriftsteller und Jesuitenpater Baltasar Gracián y Morales. Welche Dinge hindern uns daran? Warum ist es so schwer, gewonnene Einsichten umzusetzen? Das sind Fragen, die sich immer wieder im Anschluss an den Erkenntnisgewinn stellen.

Wenn die Einbindung von Sinn in unsere Handlungen nicht unser Innerstes bewegen würde, hätte sich die Kunst und Wissenschaft nicht über Jahrhunderte, vielleicht sogar Jahrtausende damit beschäftigt. Es sind vielleicht immergültige Weisheiten, die oft genauso stark in Vergessenheit geraten wie das Blinken beim Abbiegen im Straßenverkehr, weil vielleicht nicht jedem der persönliche Nutzen sofort erschließbar ist. In einer Gesellschaft, in der Werbefilmregisseure wie Ridley Scott gebeten werden, abendfüllende Filme zu drehen (»Alien«, »Blade Runner«), weil in immer kürzerer Zeit immer mehr Reize auf der Leinwand erscheinen müssen, ist auch oft keine Geduld mehr vorhanden, auf langfristige Werte hinzuarbeiten. Dass es sich hierbei um Grundbedürfnisse handelt, zeigen jedoch Studien über Glück und Zufriedenheit.

Fragen nach dem Sinn des Lebens führen oft zu Antworten wie: »Der Sinn des Lebens ist das Leben selbst.« Diese Aussage hat schlichtweg keine Aussagekraft, weil sie sich mit sich selbst beantwortet, was in der Rhetorik als Tautologie bezeichnet wird. »Der Sinn des Essens ist das Essen selbst.« Dass dieser Selbstzweck nicht so sein kann, leuchtet jedem sofort ein, denn das Essen hat mehrere Zwecke, die jeder kennt: Neben der Lebenserhaltung gibt es auch soziale Aspekte, wie die Gemeinsamkeit fördern oder ganz persönliche Genüsse, nämlich Vergnügen bzw. Gaumenfreude, bereiten. Beim Komplex Leben ist das für viele anscheinend nicht so einfach zu erkennen. Trotzdem kann eine Tautologie nicht zur Antwort führen, denn nach den Regeln der Wissenschaft kann ein Begriff nicht mit sich selbst definiert werden. »Sinn des Lebens« also nicht mit »Leben«. Solche

Aussagen wären zwar immer wahr, führen aber nur so lange zur Beruhigung des Zweifels, der während der Suche auftreten muss, bis man den innewohnenden Fehler der Tautologie erkannt hat.

Sinn ist Ansichtssache

Die Suche nach dem *einen* Sinn ist folglich eine genauso fehlerhafte Verallgemeinerung der Bedürfnisse aller Menschen wie die häufige Formulierung, wenn einige Menschen von Unglücksfällen oder Verbrechen oder privaten Enttäuschungen erfahren und sagen: »Es ist das Schlimmste, was einem passieren kann.« Eigentlich müsste die Formulierung heißen: »Das ist das Schlimmste, was mir passieren konnte.« In der ersten Formulierung wird assoziiert, es wäre das Schlimmste, was allen Menschen zustoßen könne. Und wahrscheinlich liegt hier auch der unbewusste Zweck dieser Formulierung. Durch die bewusste oder unbewusste Verallgemeinerung im Sprachgebrauch suggeriert man sich selbst, dass alle Menschen die Dinge gleich bewerten würden. Das gibt für die Situation erst einmal Orientierung und Sinn und erleichtert für den Moment die Einordnung der Situation. Erst wenn die Betroffenen nach einer Zeit feststellen, dass andere Menschen ebenfalls schwere Schicksalsschläge hinnehmen müssen, relativiert sich die Sichtweise auf die Dinge wieder.

Hier zeigt sich erneut, wie unterschiedlich verschiedene Menschen die Dinge bewerten. Jemand, der schwer erkrankt ist, würde diese Aussage vielleicht genauso treffen wollen wie jemand, der eine Folter überlebt hat oder gerade der Geiselnahme bei einem Bankraub gesund entkommen ist. Jemand, der blind wird, erlebt es wahrscheinlich als genauso schlimm wie jemand, der taub wird. Die kindliche Überlegung, lieber blind zu sein als stumm, lieber taub als ohne Geruchssinn, zeigt den Versuch, eine Wertigkeit in Dinge zu bekommen, die Qualitäten sind und damit außerhalb einer quantitativen Messung und Bewertung wie »besser« oder »schlechter« stehen.

Für jeden von uns wird in einer Ausnahmesituation etwas anderes besonders wichtig sein. Unsere bisherigen Lebenserfahrungen haben die Einstellungen zu den Situationen unterschiedlich geprägt, sodass wir auf diese Situationen jeweils anders reagieren und sie unterschiedlich bewerten, weil wir diesen Ereignissen unterschiedlichen Sinn geben. So erlebt der eine bei einer bestimmten Tätigkeit seine Erfüllung, während der andere bei einer nahezu identischen Tätigkeit ein Burnout-Syndrom erleidet. Nehmen wir das Beispiel des Lehrers: Der eine geht in seiner Tätigkeit voll auf und sieht es sogar als sein Lebensziel an, sein Wissen an Schüler weiterzugeben. Der andere bekommt bereits beim Betreten eines Klassenraums psychosomatische Probleme und lässt sich frühzeitig in den Ruhestand versetzen.

Für viele Leser sind diese Erkenntnisse sicherlich nicht neu. Aber gerade deshalb ist die Frage bedeutsam, inwieweit Sie dieses Wissen regelmäßig im Alltag einsetzen. Wie sinnvoll empfinden Sie das, was Sie tun? Welchen Beitrag leisten Sie regelmäßig, damit Sie das, was Sie als sinnvoll erachten, auch tun können? Wie sicher sind Sie sich, dass das, was Sie tun, sinnvoll ist – oder lassen Sie sich vom Sinn anderer verunsichern? Wenn man alte Schriften liest oder alte Kunstwerke betrachtet, dann weiß man, dass die Menschen emotional, geistig und spirituell seit Jahrhunderten von denselben Quellen schöpfen. Vielleicht gibt es auch gar keine Weiterentwicklung, weil das Wissen grundsätzlich ausreichen würde. Man müsste seinen Entwicklungsstand einfach nur nutzen.

Prioritäten ändern sich je nach Situation und Lebensphase. Deshalb ist es immer wieder wichtig, zu suchen und zu überprüfen, ob die eigenen Positionen noch aktuell sind und zur eigenen Zufriedenheit beitragen. Es ist leichter, eine berufliche Situation zu ertragen, wenn man einen Sinn darin erkennt; selbst dann, wenn es nicht *der* Sinn sein sollte. Für die Zufriedenheit im Arbeitsleben scheint es sich, was Sinn betrifft, zu bewahrheiten, lieber mehrere Spatzen in der Hand zu halten, als einen Adler auf dem Montblanc zu sehen.

Zwischenbilanz:

Die Frage nach dem Sinn der jeweiligen Lebenssituation kann jeder mehrmals täglich für sich beantworten, indem er sich immer wieder fragt, ob das, was er gerade tut, für ihn Sinn macht.
Ohne Werte steuern wir ziellos durch unser Leben bzw. durch unseren Arbeitsalltag. Nur durch die Orientierung an Werten und den daraus formulierten Zielen können wir die Mittel definieren, mit denen wir unsere Ziele erreichen können, die für uns persönlich Sinn ergeben. Ein Vorgesetzter kann weder sich noch seinen Mitarbeitern erklären, was er erreichen will, wenn er keine Ziele hat.

Verhängnisvolle Verwechslung

Ziele zu definieren ist gar nicht so einfach, wie es auf den ersten Blick scheint. Fragt man Menschen nach ihren Zielen, bekommt man oft Folgendes zu hören: »In fünf Jahren möchte ich Abteilungsleiter in einem großen Unternehmen sein …«, »Nächstes Jahr möchte ich 10 Prozent mehr Gehalt bekommen …«, »Nächstes Quartal müssen wir unseren Umsatz um 10 Prozent steigern …«. Aber das sind keine Ziele, sondern Mittel zum Zweck. Was will jemand als Abteilungsleiter bewirken? Was will jemand mit 10 Prozent mehr Gehalt erreichen? Wozu soll ein erhöhter Umsatz letztendlich dienen? Erst die Antworten, die hinter diesen Fragen stehen, geben Auskunft über die Ziele: »Mittel sind das, was man um eines Zweckes oder Zieles Willen einsetzt; Ziel oder Zweck ist das, um dessentwillen das Mittel eingesetzt wird.«[4]

Für die eigene Sinnsuche ist es nicht nur wichtig, seine eigenen Ziele zu kennen, sondern auch erkennen zu können, ob z. B. der Arbeitgeber oder Geschäftspartner einem selbst wirklich Ziele präsentiert oder diese mit Maßnahmen verwechselt.

Beispiel Ziele: Es kann ein Ziel für einen Bäcker sein, das beste Brot in der Umgebung zu backen. Wenn es sich dann gut verkauft, weil es so vielen Menschen gut schmeckt, dann ist es ein Nebeneffekt, wenn der Bäcker damit reich wird. Mit dem Gewinn aus den Verkäufen kann er investieren und noch mehr Brot backen, um unter Umständen noch mehr Gewinne zu erzielen.
Das Ziel war aber zunächst, das leckerste Brot zu backen. Hätte der Bäcker das Ziel gehabt, viel Gewinn zu machen, wäre dieses Ziel nicht an das Brotbacken gebunden gewesen. Er hätte alles machen können, etwa Software verkaufen. Richtig engagieren werden sich in seiner Bäckerei aber wahrscheinlich nur jene Mitarbeiter, die auch daran interessiert sind, das Ziel des Bäckers zu teilen, nämlich das beste Brot der Umgebung zu backen.
Mitarbeiter, die in der Bäckerei arbeiten wollen, nur um reich zu werden, wären dort sicher fehl am Platz und würden dem Fehlschluss unterliegen, man könne in einer Bäckerei nur deshalb reich werden, weil auch der Bäcker reich wurde.

Was passiert, wenn man nicht an Qualität, sondern bloß an schnellem Gewinn interessiert ist, zeigte exemplarisch die New-Economy- bzw. Dot.com-Blase, die vor wenigen Jahren an den Börsen eingebrochen ist. Die Protagonisten der New Economy hatten zwar genügend Geldgeber für ihre Geschäfte gefunden, die ebenfalls schnell viel Geld verdienen wollten, doch die Unternehmen selbst fanden zu wenige Kunden, die an den Produkten bzw. Dienstleistungen der New Economy genug interessiert gewesen wären, um Geld dafür auszugeben. Die Unternehmen hatten zwar Geldgeber, die Kapital vermehren wollten, aber sie hatten eben keine Kunden gewonnen. Und Geldgeber sind meistens nicht am Produkt selbst interessiert, sondern daran, dass sich das Geld vermehrt. Mittel zum Zweck – also z. B. Investition – kann man aber nur dann gewinnbringend einsetzen, wenn man weiß, welche Ziele man verfolgt, sonst setzt man die falschen ein. Geld und Reichtum sind nicht das Ziel, sondern das, was man mit den Investitionen machen würde, ist es. Wenn der Bäcker besseres Brot backen will, kauft er bessere Zutaten. Wenn er mehr Geld verdienen will, nimmt er billigere.

Das Beispiel des Börsenzusammenbruchs 2008 zeigt: Gewinnmaximierung allein kann nicht Sinn stiften. Hätten diejenigen, die in den Kapitalmarkt investierten, vorher formuliert, dass das eigentliche Ziel darin besteht, noch mehr Geld aus dem Börsenmarkt herauszuholen, ohne Produkte, Dienstleistungen etc. zu verbessern, wäre die skurrile Idee der einfachen Geldvermehrung schnell deutlich geworden. Diese Systematik und dieser Glaube, dass man mit rücksichtslosem Investieren Geld verdienen kann, haben zum Börsencrash geführt. Man wird Mitarbeiter nicht begeistern, wenn man ihnen sagt, dass die Eigentümer bloß mehr Geld verdienen wollen. Man würde Mitarbeiter aber sehr wohl für ein konkretes Ziel, etwa die Reichweite einer TV-Station oder die Qualität einer Zeitung zu verbessern, begeistern können.

Trugschluss Kosteneinsparung

Ein Thema, von dem viele Arbeitnehmer immer wieder betroffen sind, ist die Konfrontation mit der Aussage, dass ihr Unternehmen Kosten sparen müsse. Aber Kosten zu sparen oder Personal zu entlassen sind Lösungen, deren Zweck ausschließlich das Kapital des Unternehmens betrifft und nicht die Qualität der Produkte oder Dienstleistungen. Derartige Vorgehensweisen sind eigentlich ein Widerspruch in sich, da sie in der Konsequenz auch jenen den Arbeitsplatz kosten können, die solche Sparmaßnahmen vorschlagen. Aber diese als Ziel formulierte Kosteneinsparung basiert oft auf einem Umkehrschluss. Denn die Formulierung »Wenn die Kosten nicht so hoch wären, hätte das Unternehmen einen höheren Gewinn« ergibt als Umkehrschluss:

»Also muss ich die Kosten senken, um meinen Gewinn zu erhöhen.« Der Umkehrschluss ist falsch: Kosten unterteilen sich in Konsum und Investition. Wenn diese Faktoren nicht genau geprüft und bei der Investition die Kosten gesenkt werden, läuft das Unternehmen langfristig sogar Gefahr, Verluste zu machen. Man kann Gewinn auch auf andere Weise erzielen, z. B. durch Produktivitätserhöhung oder dem Erschließen neuer Geschäftsfelder.

Beispiel Kosteneinsparung: Versuchen Unternehmen ihre Finanzprobleme durch reine Sparmaßnahmen zu lösen, können sie mittel- und langfristig nur scheitern.
Warum sollte ein Kunde ein Produkt oder eine Dienstleistung abnehmen, wenn offensichtlich ist, dass nur der Gewinn im Vordergrund steht? Warum sollte jemand zu einem Bäcker gehen, der nur die günstigsten am Markt erhältlichen Arbeitnehmer einstellt, nur die günstigsten Zutaten verwendet und nur das Ziel hat, mehr Profit zu erwirtschaften? Was hätte der Kunde davon? Kauft er sich nicht gute Brötchen, um den Tag am Frühstückstisch mit köstlichem Gebäck und gut gelaunt zu beginnen?
Daraus folgt: Die Lösung für ein mögliches Finanzproblem des Bäckers in diesem Beispiel liegt in der Überlegung, die Kunden weitestgehend zufriedenzustellen. Die meisten Kunden gehen nicht zum Bäcker, um Geld zu sparen, sondern um leckeres Backwerk zu erhalten. Darin liegt der primäre Sinn ihrer Handlung. Die hinter einer Krise liegenden Mechanismen werden bei einigen Unternehmen durch die Kapitalfixierung völlig aus den Augen verloren. Wenn es nur ums Sparen ginge, könnte man sich die Brötchen selbst backen, was man mit diversen Hightech-Backgeräten auch daheim könnte. Nur jener Bäcker wird überleben, dessen Brot besser ist als jenes vom Discounter oder das vom Konsumenten selbst gemachte. Daher muss man an der richtigen Stelle investieren und nicht bloß Kosten sparen.

Wer sparen will, muss investieren

Kosteneinsparungen allein schaffen keine Potenziale für die Zukunft. Wenn man z. B. Kosten *sparen* möchte, muss man in etwas anderes *investieren*, um den gleichen Ertrag oder die gleiche Befriedigung zu erwirtschaften. Wenn ein Landwirt weniger Saat als im letzten Jahr aussähen möchte, um zu sparen, muss er gleichzeitig in Dünger oder besseres Land investieren, um die gleiche Ernte wie im Vorjahr zu erhalten. Als in den 1980er- und 1990er-Jahren Schreibkräfte in den Unternehmen eingespart wurden, wurde gleichzeitig in Computer und Drucker als effizienteren Ersatz für die Schreibmaschinen investiert.

Der Sinn lag aber nicht ausschließlich in der Einsparung, sondern auch in der Verbesserung der Korrespondenz. Mit den neuen Textverarbeitungssystemen nahm sowohl die Qualität als auch die Anzahl der Schreiben zu.

Auch der Gammelfleischskandal wäre nicht zustande gekommen, wenn Arbeitnehmer und Unternehmer das gemeinsame Ziel verfolgt hätten, ihren Kunden das bestmögliche Fleisch in bestmöglicher Qualität zu liefern. Er passierte, weil Unternehmen eine Möglichkeit sahen, mehr Geld für minderwertige Ware zu bekommen – weil also der Gewinn das Ziel war und nicht die Qualität an erster Stelle stand.

Zwischenbilanz:

Arbeitnehmer können, wenn Unternehmen sparen wollen, den Sinn dieser Maßnahme hinterfragen und entsprechende Informationen einfordern. Das Unternehmen muss deutlich aufzeigen, mit welcher Investition diese Kosten eingespart werden sollen. Wenn die Kosten aus reinem Selbstzweck eingespart werden, ist es für die Unternehmen schwierig, den Sinn dieser Maßnahmen an die Arbeitnehmer oder die Öffentlichkeit zu vermitteln. Und das ist bei vielen Unternehmen derzeit der Fall. Unternehmen, die ihren Mitarbeitern den

Sinn ihrer Maßnahmen nicht transparent vermitteln können, werden dies langfristig auch ihren Kunden nicht vermitteln können.
Die Aussage »Wir müssen Kosten sparen« kann also niemals eine Zielformulierung sein, maximal eine Feststellung über die verfügbaren Mittel, die das Unternehmen hat. Obwohl solche Aussagen von einigen Unternehmen tatsächlich fast als Selbstzweck formuliert werden, ist nur die dahinter liegende Frage, was jemand mit den eingesparten Kosten erreichen will, von Bedeutung. Erst wenn eine Zielformulierung, also die Aussage »Ich tue es, um zu ...« nicht noch weiter differenziert werden kann, hat der Unternehmer sein Ziel formuliert.

Ziele müssen erreichbar sein

Natürlich können auch mehrere Ziele formuliert werden. Aber erst, wenn jemand sein Ziel kennt, weiß er oder kann er erahnen, ob die Maßnahme des Kostensparens überhaupt das richtige Mittel ist, um dieses Ziel zu erreichen. Wer sein Ziel nicht kennt, kann nur im Trüben fischen. Das gilt für Unternehmen genauso wie für Arbeitnehmer. Wenn jemand also einer sinnvollen Aufgabe nachgehen möchte, muss er definieren und wissen, was für ihn eine sinnvolle Aufgabe ist. So erfährt er auch, was seine Ziele sind. Erst anhand der Definition kann er überprüfen, ob er durch seine Arbeit seinem Ziel näher kommt. Wie die Studien der moderneren Motivationsforschung – etwa von Steven Reiss oder Mihaly Csikszentmihalyi – zeigen, entsteht eine dauerhafte Zufriedenheit erst als Folge dieser Vorgehensweise. An Sinn orientieren kann sich nur derjenige, dessen Grundbedürfnisse befriedigt sind und der sich keine Sorgen um die eigene Existenz machen muss.

Ziele sind eng an Erwartungen oder Ansprüche gebunden. Wenn diese sehr hoch sind, können auch die Enttäuschungen, die sich aus der Nicht-Erfüllung ergeben, groß sein. Ziele dürfen nicht verkrampft verfolgt werden, nichts lässt sich erzwingen. Ein gutes Beispiel sind

Castingshows wie etwa »Deutschland sucht den Superstar«. Man darf den realen Gesichtspunkt nicht verlieren. Immer wieder treten bei den Shows schlechte Sänger an, die nicht einmal den Ton halten können, aber glauben, gut singen zu können – weil sie den Blick für die Realität außer Acht lassen.

Deshalb müssen Ziele realistisch sein und im Bereich des Möglichen liegen. Im therapeutischen Bereich ist es seit mehreren Jahrzehnten gängige Praxis, große Ziele in Teilziele zu untergliedern, um die Frustrationstoleranz der Patienten zu erhöhen und mit Teilzielen zumindest kleine Erfolge zu erreichen. Ein Marathonläufer darf zu Beginn eines Wettkampfs nie an die 42,195 Kilometer denken, die vor ihm liegen, sondern er muss jeden zurückgelegten Kilometer als Erfolg verbuchen.

Wird bei einer Suchttherapie das Teilziel »Heute werde ich nicht rauchen« definiert, ist dies leichter zu erreichen als das Ziel »Ich werde nie mehr rauchen«. Das Wesentliche bei dieser Vorgehensweise ist aber, dass die Frustration, ein Teilziel nicht zu erreichen, erträglicher ist, als ein Gesamtziel nicht zu erreichen. Wenn der Patient heute doch geraucht hat, ist sein Ziel, Nichtraucher zu werden, damit nicht verloren. Vor dem Einsatz dieser Methode haben viele Süchtige, ob Raucher, Spieler, Alkoholiker, Drogenabhänge usw., die Therapie frustriert abgebrochen, wenn wieder eine Zigarette geraucht oder Alkohol getrunken wurde: »Jetzt ist es ja sowieso egal, ich habe mein Ziel nicht erreicht, dann kann ich gleich wieder anfangen zu rauchen oder zu trinken.«

Zwischenbilanz:

Um längerfristige Zufriedenheit zu erlangen, definiert man Ziele, nicht um sie zu erreichen, sondern um die Richtung zu ermitteln, in die man gehen muss.

Ziele hängen von den eigenen Werten ab.

Wir sind dann motiviert, wenn wir ein Ziel haben und dieses errei-

chen wollen. Das schafft Zufriedenheit. Selbst dann, wenn es noch lange nicht erreicht ist. Es muss aber grundsätzlich möglich sein, das Ziel zu erreichen.
Wir müssen unsere Ziele kennen und sie formulieren, um Orientierung darüber zu haben, ob die Möglichkeit, sie zu erreichen, gegeben ist und ob wir in etwa auf dem richtigen Weg dorthin sind.

Ein Berufswunsch allein ist kein Ziel

Eine bestimmte Arbeit auszuüben ist also, wenn man die obigen Überlegungen einbezieht, kein Ziel, weil mit dieser Berufswahl tiefer liegende Bedürfnisse befriedigt werden. Wenn man den Beruf als solches als Ziel sieht, ist Unzufriedenheit vorprogrammiert. Es ist wichtig zu prüfen, welches Ziel mit der Arbeit verfolgt wird.

Beispiel Berufswahl: Wenn jemand z. B. deshalb arbeitet, weil er seinen Wissensdurst, seine Suche nach Wahrheit und Weisheit befriedigen möchte, kann er Theologe, Wissenschaftler oder Bibliothekar werden, aber auch Journalist oder vielleicht Künstler oder Lehrer.
Wäre die Berufsausübung bereits das Ziel, wäre man mit seiner Berufswahl unumstößlich festgelegt. Erkennt aber jemand sein dahinter liegendes Ziel, im genannten Beispiel den Wissensdurst, kann er auch einen Berufswechsel vornehmen, ohne in eine Sinnkrise zu geraten. Er hat einfach die Mittel zur Zielerreichung ausgetauscht.

Deswegen ist es nahezu grotesk, wenn Jugendliche nach ihrem Traumberuf gefragt werden. Vielmehr müsste man sie fragen, was sie interessiert und was ihre Bedürfnisse sind. Sie müssten die dahinter liegenden Ziele (er)kennen und sie müssten erkennen, mit welchem Beruf sie ihr Ziel erreichen können. Es ist daher nur eine logische

Folge, wenn einige Menschen unzufrieden mit dem Beruf oder der Arbeit sind, die sie gewählt haben oder, vielleicht schlimmer, wegen anderer Menschen wählen mussten. Wenn z. B. jemand das Ziel hat, anderen Menschen Wahrheit zu vermitteln und aufzuklären, dann wäre es vielleicht falsch, Lehrer, Pastor oder Berater zu werden. Vielleicht wäre Journalist, Schauspieler, Autor, Fernsehmoderator, Museumsführer usw. der für sein Bedürfnis viel besser geeignete Beruf. Es kommt darauf an, welche der anderen Ziele, die man zusätzlich verfolgt, mit dem Beruf ebenfalls befriedigt werden sollen.

Scheibchenweise zum Erfolg

Ziele sind für die Orientierung wichtig und geben Handlungen und Entscheidungen eine Richtung.

> »Ein Problem entsteht erst, wenn Sie sich so auf das Ziel versteifen, dass Ihnen der Weg der Gegenwart keine Freude mehr bereitet. Wenn Sie sich starr an ein bestimmtes Resultat binden. Wenn die Energie nicht mehr ins Heute, sondern ins Morgen fließt. (...) Wer nur Zielerreichung im Kopf hat, verkrampft. Alles, was uns ängstigt, ist der Blick in die Zukunft. Handeln aber können wir nur jetzt. (…) Die Freude an der unmittelbaren Erfahrung treibt Individuen daher auch zu ungewöhnlichen Leistungen an. Und dieser Genuss ist abhängig von der Konzentration der Energie. Der Tennisspieler Pete Sampras antwortete, nach seinem Erfolgsrezept befragt: ›Ich versuche nie, ein Turnier zu gewinnen. Ich versuche auch nie, einen Satz oder ein Spiel zu gewinnen. Ich will nur diesen Punkt gewinnen.‹«[5]

Einen Sinn für eine Situation zu finden, in der sich jemand gerade befindet, entspricht dem Vorgehen von Pete Sampras. Er hat nicht an das Turnier gedacht, sondern an den derzeitigen Ball und wie er ihn optimal in einen Punkt verwandeln kann. Jeder Schlag musste für ihn einen Sinn ergeben. Natürlich hat Pete Sampras den Sieg als Ziel nicht aus dem Auge verloren, aber dieses Ziel hat nicht die Sicht auf den nächsten Punkt verstellt. Den eigenen Sinn oder sein Ziel im Leben kann man nur schwer erkennen, wenn man durch die Größe des Ziels die Sicht auf die aktuelle Situation verliert. Im Hinblick auf ein Ziel weiß man, was man in einer bestimmten Situation zu tun hat. Pete Sampras wusste, dass er jeweils den nächsten Ball in einen Punkt verwandeln musste. Und das in jedem Spiel und jedem Satz aufs Neue. Das führte dazu, dass er nicht frustriert aufgab, wenn er ein Spiel oder einen Satz verloren hatte. Der immer nächste Ball hatte für ihn einen Sinn ergeben, der letztendlich auch zum Matchsieg führte.

Viele Menschen sind aufgrund ihrer großen, vielleicht sogar objektiv unerreichbaren Ziele so gelähmt, dass sie nicht in der Lage sind, einen Sinn in den nächsten Schritten zu erkennen, und tun dann lieber nichts, weil sie Angst haben, etwas falsch zu machen. Das Beispiel von Pete Sampras zeigt aber auch, dass es nicht allein nur um den Moment, um das aktuelle Ziel oder um die aktuelle Situation geht, sondern darum, die jeweils aktuelle Situation in einen größeren Zusammenhang einzubetten. Pete Sampras konnte sich deshalb auf den nächsten Ball konzentrieren und ihm einen Sinn geben, weil er wusste, dass dieser Ball ein Schritt zum Wimbledon-Sieg ist. Die philosophischen Sätze »carpe punctum«, »carpe diem« weisen also nicht einfach nur darauf hin, den Moment oder Tag zu nutzen, sondern auch auf das Bewusstsein, dass dieser Moment oder Tag genau der richtige ist, um ein gestecktes Ziel zu verfolgen.

Zwischenbilanz:

Wenn also ein Ziel bekannt ist, dann sind all die Dinge, die für die Erreichung desselben notwendig sind, seien sie mühsam oder einfach, schon deshalb erträglicher, weil sie für diesen Zweck einen Sinn ergeben. Durch die Orientierung an spätere Ziele kann man seine derzeitige Situation immer entsprechend anpassen.

Motivation durch Erfolgserlebnisse

Es gibt Personen, die ständig daran arbeiten, ihre Leistungsfähigkeit zu erhöhen, etwa Sportler, Wissenschaftler oder Künstler. Was motiviert diese Personen? Warum trainiert ein Sportler? Er sieht in einer Zehntelsekunde den Erfolg seiner Mühen, weil er u. a. in der Lage ist, Ziele und Mittel gut voneinander zu unterscheiden und Ziele exakt zu definieren. Er weiß, dass Erfolg nicht ausschließlich heißt, Weltmeister zu sein, sondern dass die Steigerung seiner eigenen Leistungsfähigkeit zunächst für ihn einen persönlichen Erfolg bedeutet. Für ihn allein. Und diese Definition muss zunächst nicht deckungsgleich mit der Definition anderer sein, um ihn selbst zu besseren Leistungen zu motivieren. Der Sportler vergleicht sich im Training nicht primär mit anderen, sondern beobachtet und vergleicht v. a. erst einmal seine eigene Leistungssteigerung. Es ist kein fremdbestimmter Erfolg, der ihn motiviert, sondern ein selbstbestimmter, der zunächst nur für ihn selbst Sinn ergibt.

Er handelt in erster Linie sinn- und nicht nur erfolgsorientiert. Das eine schließt also das andere nicht aus, aber auf die Reihenfolge kommt es an. Im Berufsleben genauso wie in dem Sportbeispiel. Eine reine Erfolgsorientierung achtet nicht auf die persönlichen Talente und Fähigkeiten, weil sie oft auf fremdbestimmten Maßstäben als Zielvorgabe basieren. Bei einer zusätzlich sinnorientierten Vorgehensweise kommt der Antrieb von innen, aus der eigenen Erkenntnis des Akteurs heraus.

Darauf kommt es bei der Motivation an: Der Vergleich mit der eigenen Leistung ist zunächst wichtig, nicht der Vergleich mit der Leistung anderer – im Sport wie im Berufsleben. Wenn ich anfange zu joggen und ich meine zurückgelegte Strecke und die Zeit mit einem Marathonläufer vergleiche, dann brauche ich nicht weiterzutrainieren. Die realistische Erkenntnis »Das werde ich nicht schaffen« führt schnell zur Demotivation. Messe ich aber meine zurückgelegte Anfangsstrecke und meine Zeit und vergleiche sie mit der Zeit nach einer

Woche oder einem Monat, so werde ich feststellen, dass ich nicht nur schneller laufe, sondern auch eine längere Strecke zurücklegen kann. Das ist Erfolg. Für mich. Die Aussicht, diesen Erfolg zu steigern, motiviert mich auch am nächsten Tag, wieder zu trainieren. Mein Ziel ist es deshalb zunächst nicht, einen Wettbewerb zu gewinnen, der unerreichbar erscheint, sondern mich selbst zu verbessern, einen neuen persönlichen Rekord aufzustellen oder zu beweisen, dass ich tatsächlich 42,195 Kilometer laufen kann. Darauf kommt es zuerst an.

Zwischenbilanz:

Unmotivierte Arbeitnehmer sehen oft keine Möglichkeit, das ihnen gesteckte Ziel zu erreichen. Ein zentraler Bestandteil von persönlicher Motivation ist: Werte und Ziele erreichbar zu definieren.

Erfolgserlebnisse sind der Weg zum Ziel

Erfolgreiche Menschen sehen ihr Ziel nicht statisch in weiter Ferne, sondern sie sehen die permanente Annäherung daran und erkennen diese Annäherung für sich selbst an. Jeder Schritt auf dem Weg zum Ziel stellt für sie einen Erfolg dar und motiviert sie für den nächsten. Erfolg ist also kein Ziel, sondern ein Weg, der aus vielen Schritten besteht; jeder einzelne ist ein Erfolgserlebnis. Die Aufgabe einer Führungskraft liegt nun darin, die Mitarbeiter dahingehend zu unterstützen, dass sie auch einzelne »Schritte« als Erfolgserlebnis wahrnehmen und ihren eigenen Anteil an diesem »Schritt« (Erfolg) sehen. Dadurch, dass kleine Schritte gegangen werden, wird auch ein Stehenbleiben oder ein Rückschritt nicht sofort als demotivierender Misserfolg gesehen.

Zwischenbilanz:

Eine wichtige menschliche Eigenschaft fördert die Fähigkeit, gesetzte Ziele zu erreichen: Der menschliche Geist kann Emotionen antizipieren, also vorwegnehmen. Die Freude, die man fühlt, wenn man ein Musikstück am Klavier spielen kann, oder die Freude, die man erlebt, wenn man bei einem Marathon durch das Ziel läuft, kann der Mensch im Geiste vorwegnehmen. Dafür weiß man schon vor der Zielerreichung, dass es sich gelohnt haben wird, so hart für das Ziel zu trainieren, und kann sich durch diese Antizipation selbst motivieren.

Um derartige Erlebnisse zu haben, muss man allerdings in irgendeiner Weise Erfahrungen sammeln können. Das ist auch eine der Ursachen, warum Kinder und Jugendliche, die in musischen Fächern begabt sind, oft auch in anderen Fächern erfolgreich sind: weil sie die Erfahrung gemacht haben, wie sich durch das regelmäßige Üben der Erfolg und das entsprechende Erfolgserlebnis einstellt. Und Erfolgserlebnisse sind, wie wir alle wissen, ein echter Antrieb.

Hinter dem Horizont geht's weiter

Oft wird das höhere Gehalt oder der höhere Umsatz nicht nur als Erfolg verbucht, sondern fälschlich auch als Ziel gesetzt, um noch mehr Erfolgserlebnisse zu haben. Aber Gehalt bzw. Umsatz machen nicht schon zufrieden, weil Erfolgserlebnisse eben nicht das Ziel sind, sondern das Ergebnis der Zielverfolgung.

Wäre lediglich das Beenden des Marathons oder das Abspielen einer Chopin-Etüde der Selbstzweck, wäre der Antrieb sofort verschwunden, weiter für das nächste Musikstück zu üben oder den nächsten Marathon zu laufen. Das Ziel wäre dann ja austauschbar und es gäbe keinen speziellen Grund mehr, genau dieses Ziel zu erreichen. Geht es um ein bestimmtes Ziel, dann steckt hinter dem »bestimmten« ein tieferes Bedürfnis. Dies zu kennen, daran zu arbeiten und dies zu erreichen, führt zu genau den Erlebnissen, die Mihaly Csikszentmihalyi als »Flow« bezeichnet hat. Das höhere Gehalt oder der größere Umsatz allein führen also nicht zu Flow-Erlebnissen.

Das »Arbeiten am Ziel«, die Annäherung schafft das Erfolgserlebnis und den Antrieb weiterzumachen, nicht das Ziel selbst. In diesen Zusammenhang fällt neben der bereits beschriebenen Vorgehensweise von Pete Sampras oft das Zitat von Beppo Straßenkehrer aus der Geschichte »Momo« von Michael Ende: »Man darf nie an die ganze Straße auf einmal denken, verstehst du? Man muss nur an den nächsten Schritt denken, den nächsten Atemzug, den nächsten Besenstrich.« Und nach einer Atempause fügt Beppo hinzu: »Dann macht es Freude; das ist wichtig, dann macht man seine Sache gut. Und so soll es sein.« Erfolgserlebnisse sind das Ergebnis der Zielverfolgung, nicht der Zielerreichung.

Sinnvoller Arbeitsplatz – sinnvolle Arbeit

Über zwei Drittel aller Arbeitnehmer wünschen sich eine beruflich sinnvolle Tätigkeit. Aber diese sinnvolle Tätigkeit finden die Menschen anscheinend nicht immer an ihrem Arbeitsplatz. Vielleicht sind aus diesem Grund weit über ein Drittel der über 14-Jährigen in Deutschland und auch in Österreich ehrenamtlich engagiert. Je nachdem, welche Zahlen man zugrunde legt und wie Ehrenamt definiert wird, liegen die Schätzungen im Bereich von bis zu 50 Prozent der Bevölkerung, die in irgendeiner Form ehrenamtlich tätig sind. Das steht in völligem Widerspruch zu dem, was eine Gallup-Umfrage ergeben hat: Nur etwa 13 Prozent der Belegschaft von Unternehmen arbeiten im Job engagiert und motiviert.

Wie kommt diese Diskrepanz zustande? Die Unternehmen sprechen zwar von »Human Resources«, aber wie gehen sie mit diesen Ressourcen um? Einige der Unternehmen haben zwar eigene Abteilungen für diesen wichtigen »Rohstoff« gegründet, aber inwieweit nutzen sie das Bedürfnis der Arbeitnehmer, Sinn in ihrer Arbeit zu erfahren? Man stelle sich vor, die Unternehmen würden mit anderen »Rohstoffen« genauso umgehen. In anderen Bereichen ist es offensichtlich, kostenoptimiert mit den Produktionsfaktoren umzugehen. Aber der Umgang mit Menschen scheint ein Problem zu sein, denn die Wichtigkeit sogenannter »weicher Faktoren« in Unternehmen ist Arbeitgebern zwar bewusst, aber sie tun meist zu wenig, um sie stärker einzubeziehen oder zu fördern. Die Unzufriedenheit der Mitarbeiter wird schlicht hingenommen.

Die Erwartungen an unsere Mitmenschen orientieren sich an dem, was wir für sinnvoll erachten und umgekehrt: Was wir als Sinn empfinden, orientiert sich oft an den Erwartungen der anderen. Menschen entscheiden oft anders, als sie es persönlich tun würden, weil sie Erwartungen an eine oder mehrere Rollen ausrichten, die sie im privaten oder beruflichen Leben einnehmen. Als Partner, Vater, Sohn, Vereinspräsident, Vorgesetzter, Untergebener verhält man sich eben entsprechend anders. Diese Rollen zwingen uns dazu, Entscheidungen auch vom Rollenbild abhängig zu machen. Dadurch kann es zu inneren wie auch zu äußeren Konflikten kommen.

Wie schon die Orientierung an den Erwartungen anderer zu Konflikten führen kann, zeigt das Beispiel von dem alten Ehepaar, bei dem der Mann beim Brötchenteilen 50 Jahre lang darauf verzichtet hat, die von ihm so sehr geliebte obere Brötchenhälfte zu essen, weil er glaubte, seine Frau esse diese gerne. Da sie so schön knusprig sei, wollte er seiner Frau durch den eigenen Verzicht seine Liebe beweisen. Am 50. Hochzeitstag platzte es aus der Frau heraus und sie beschwerte sich darüber, dass ihr Mann die ganzen Jahre immer nur an seinen Vorteil gedacht hätte, weil er immer die angenehme weiche Hälfte gegessen hat, während sie die raue Hälfte essen musste …

Rollenkonflikte können durch Sinn leichter ertragen werden, wenn der in die Situation gelegte Sinn oder das höhere Ziel erkannt werden kann. Wie es z. B. bei einem Vater ist, der kurzfristig wenig Zeit für sein Kind hat, weil er ein bestimmtes Ziel verfolgt, das langfristig aber dem Vorteil seines Kindes dient. So hat er über Wochen keine Zeit, abends mit seinem Kind zu spielen, weil er auf der Baustelle des neuen Einfamilienhauses beschäftigt ist. In diesem wird es aber ein eigenes Zimmer für das Kind geben. Das persönliche Konfliktverhalten ist also auch immer von einer Überprüfung des jeweiligen Rollenverständnisses abhängig. Davon wird auch der Umgang mit der Frage nach dem Sinn für die jeweiligen Situationen geprägt.

Sinn ist situations- und lebensphasenabhängig und kann sich dadurch im Laufe des Lebens immer wieder verändern. Besonders deutlich wird dies, wenn mehrere Personen in einer Gruppe überzeugt sind, ihren Sinn gefunden zu haben. Wenn sich jemand aus der Gruppe anders entwickelt und den bisherigen Sinn nicht mehr als den »wichtigsten« empfindet, dann kann es zu Konflikten innerhalb der Gruppe kommen, indem »Überzeugungsarbeiten« beginnen und einer seinen Sinn über jenen des Kollegen stellt.

Kapitel 4

Faktor: Motive

»Woher weiß ich, was ich wirklich will?« – Die Antwort auf diese Frage scheint so einfach, doch wohin man auch schaut, sieht man unzufriedene Menschen. Die Untersuchungen der Autoren und die vieler anderer Wissenschaftler zeigen immer wieder auf, dass Menschen, die wissen, was sie wollen, und ständig versuchen, sich diesen Zielen in ihrem Leben zu nähern, eine starke Zufriedenheit ausstrahlen. Andere Untersuchungen zeigen wiederum, dass viele Menschen unzufrieden sind; entweder, weil es schwer ist, Ziele zu erreichen, oder weil die Menschen gar nicht genau wissen, was ihre Wünsche und Bedürfnisse sind. Oder verfolgen sie gar »falsche« Ziele?

Für den einen ist die Konzentration auf ein einzelnes Talent das Richtige für sein Wohlbefinden, für den anderen die ausgewogene Mischung. Die meisten Menschen haben nicht nur ein Talent, sondern mehrere. Es sollte deshalb nicht nur jenes Talent gefördert werden, von dem man annimmt, dass es am meisten ausgeprägt ist, sondern man sollte sich viele Optionen offenhalten und die Möglichkeit nutzen, seine verschiedenen Talente auszuprobieren. So mancher Firmenchef etwa muss mit Menschen gut umgehen können, muss ein Ökonom, Marktforscher und Vermittler sein und sollte zudem über eine gute mentale und auch körperliche Stärke verfügen. Und vielleicht lebt er zusätzlich noch sein musisches Talent beim Musizieren mit seinen Kindern aus. Je mehr Talente man hat, desto größer ist die Zufriedenheit, weil man zwischen den Talenten umschalten und einen Ausgleich schaffen kann. Auch für Berufsanwärter ist es wichtig, dass sie sich ihrer verschiedenen Talente bewusst sind, damit sie für verschiedene Berufe ein »offenes Ohr« und einen sprichwörtlichen Fuß in der Tür haben: Wer viele Talente ausprobiert und für sich fördert, wird in den verschiedenen Situationen seines Lebens leichter auf Lösungsmuster zurückgreifen können als jemand, der sich immer nur auf eines spezialisiert hat und möglichst an Bewährtem festhält.

Vielseitigkeit schafft Zufriedenheit im Arbeitsleben. Das hat die kanadische Entwicklungspsychologin Susan Pinker herausgefunden. Obwohl – oder wahrscheinlich gerade deshalb – sich Frauen in unserer Gesellschaft nicht ausschließlich um ihre Karriereziele kümmern können, sondern andere Lebensaufgaben verfolgen müssen, »(...) sind Frauen rückblickend glücklicher mit ihrer Arbeit – und auch mit ihrem Leben«.[6] Sie haben ihren Job und daneben das »natürliche« Talent, Mutter zu sein, Kinder zu erziehen etc.

Was für den einen Sinn ergibt, muss es für den anderen noch lange nicht. Jeder muss für die jeweilige Situation oder Lebensphase seinen eigenen Sinn suchen, aber er kann dabei auf Fragestellungen oder Techniken anderer Personen zurückgreifen.

Sinnsuche muss einem hohen Bedürfnis folgen. Hape Kerkeling hat mit seinem Buch »Ich bin dann mal weg« ein Werk über diese Suche geschrieben. Dass es in Deutschland mehr als drei Millionen Mal verkauft wurde, liegt auch am hohen Unterhaltungswert des Werkes. Es war laut Wikipedia das meistverkaufte Sachbuch in Deutschland. Wissenschaftler unterschiedlicher Disziplinen beschäftigen sich mit der Frage, was Menschen antreibt und ihnen und ihrem Leben Sinn gibt. Sie alle kommen zum gleichen Ergebnis: Es ist unwahrscheinlich, dass es eine Antwort auf diese Frage gibt, die für alle Menschen gilt. Es gibt unterschiedliche Antworten für unterschiedliche Menschen.

Laut einer Theorie des US-Wissenschaftlers Steven Reiss haben Menschen unterschiedliche Basisbedürfnisse. Um Zufriedenheit zu erlangen, ist es wichtig, seine Basiswünsche zu kennen. In seinen Untersuchungen hat der Psychologieprofessor weltweit mehr als 7000 Personen zu ihren Basisbedürfnissen befragt. Früher ging man in Motivationstheorien davon aus, dass es intrinsische Motive, also von innen heraus motivierende, und extrinsische, also von außen wirkende Faktoren, bei Menschen gibt. Reiss hat herausgefunden, und das ist das eigentlich Neue an seiner Theorie, dass es nicht nur eine intrinsische Motivation, sondern mehrere unterschiedliche intrinsische Motivationen gibt. Er geht aufgrund seiner großen kulturübergreifenden empirischen Datenbasis davon aus, dass es genau 16 verschiedene dieser Grundbedürfnisse gibt. Diese sind für jeden Menschen unterschiedlich wichtig und bestimmen – in ihrer unterschiedlichen

Gewichtung – für jeden Menschen individuell sein Verhalten und motivieren ihn von innen heraus, also intrinsisch, und geben seinem Leben Sinn.

Jemand, der in einem Unternehmen eine Führungsposition innehat, muss seine eigenen Bedürfnisse und Motive genau kennen, »denn sonst wird er seine Führungsaufgabe ständig mit seinen nicht eingestandenen Bedürfnissen vermengen. Und seine unterdrückten Leidenschaften werden seine Emotionen bestimmen und ihn an einer klaren Führung hindern«.[7] Im Klartext heißt das, dass er ein schlechter Vorgesetzter und eine Fehlbesetzung wäre.

Die Menschen unterscheiden sich in der Kombination und der unterschiedlichen Ausprägung der einzelnen Faktoren. Für den Einzelnen gilt es deshalb herauszufinden, welche Faktoren für ihn besonders wichtig sind, um auf diese Weise quasi seinen Lebenszielen folgen zu können. Menschen, denen das gelingt, zeichnen sich durch eine allgemein hohe Zufriedenheit aus.

Die Übersicht auf Seite 65 zeigt, welche 16 Basismotive es nach den Erkenntnissen von Steven Reiss gibt, die zugleich auch eine Grundlage zielorientierten Handelns sind. Mehrere Basismotive können bei einzelnen Menschen mehr oder minder stark ausgeprägt nebeneinander stehen und deren Handeln bestimmen. Durch die Kombination der Bedürfnisstärke unterscheiden sich die Menschen voneinander.

Was uns antreibt

Für die Suche nach Sinn, um in bestimmten Situationen und Lebensphasen die Komplexität zu beherrschen und dadurch Entscheidungen zu erleichtern oder überhaupt erst zu ermöglichen, kann die Orientierung an den im Folgenden angeführten Fragen eine wichtige Hilfe sein. Dadurch wird auch die Relevanz der in der Grafik dargestellten individuellen Grundbedürfnisse deutlich. Wenn man sich bei wichtigen Entscheidungen darüber bewusst ist, welchen Einfluss

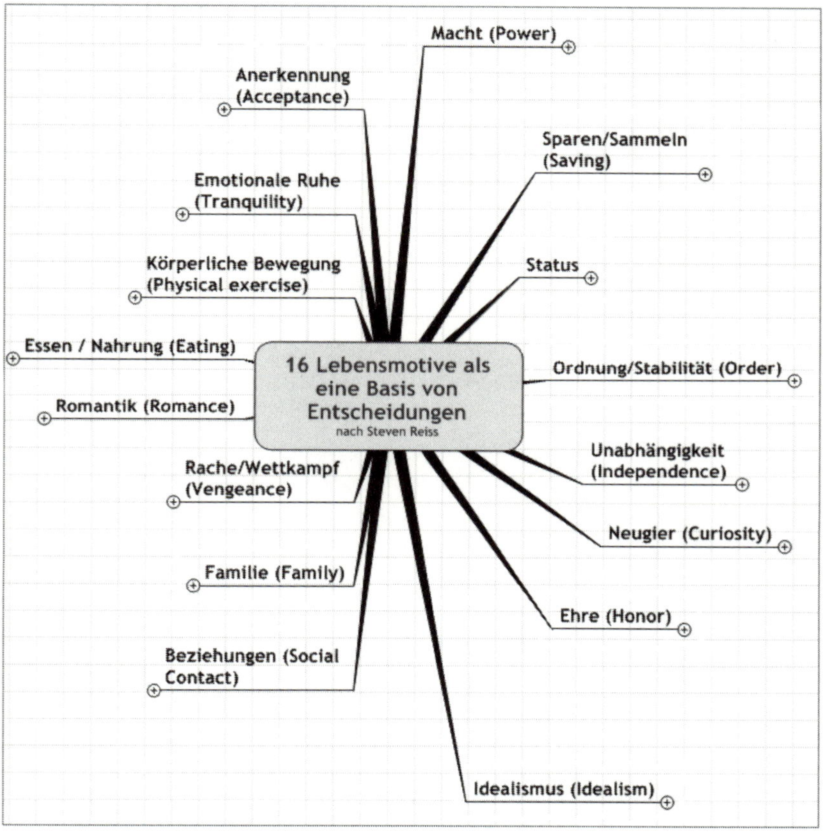

die einzelnen Bedürfnisse auf die persönliche Wahl haben, erleichtert es die Suche danach, was für einen Sinn ergibt und einem im Leben wichtig ist, vor allem wofür es sich für einen persönlich lohnt, Opfer zu bringen, und wofür es sich im Lebensrückblick gelohnt haben wird, gelebt zu haben.

Basisbedürfnis	**Fragen, die sich jeder selbst stellen kann, um zu ermitteln, wie stark man sich an bestimmten Bedürfnissen für seine Lebensplanung orientiert, wie wichtig einem die Befriedigung der genannten Bedürfnisse ist und was einem Sinn gibt.**
Machtbedürfnisse	Würde ich für Macht, Erfolg, Leistung, Führungsverantwortung und Einfluss andere Ziele zurückstellen?
Bedürfnis nach Sparen und Sammeln	Würde ich für mein Bedürfnis nach Sparen und Sammeln, dem Anhäufen materieller Güter oder materieller Sicherheit andere Ziele zurückstellen?
Statusbedürfnis	Würde ich für einen hohen Status, für Reichtum und hohen sozialen Status, Titel und öffentliche Aufmerksamkeit andere Ziele zurückstellen?
Ordnungsbedürfnis	Würde ich für Ordnung, Stabilität, gute Organisation und vorhersehbare Situationen andere Ziele zurückstellen?
Unabhängigkeitsbedürfnis	Würde ich für Unabhängigkeit, dem Streben nach Freiheit, Selbstständigkeit, Autarkie oder Selbstgenügsamkeit andere Ziele zurückstellen?
Neugier	Würde ich für meinen Wissensdurst, meinen Forscherdrang, der Suche nach Wissen, Weisheit und Wahrheit oder meinen Wunsch, immer Neues zu lernen, andere Ziele zurückstellen?
Ehre	Würde ich für Ehre, meinem Streben nach Loyalität sowie nach moralischer und charakterlicher Integrität andere Ziele zurückstellen?
Idealismus	Würde ich für meinen Idealismus, die soziale Gerechtigkeit und Fairness oder meinen Wunsch danach, die Welt zu verbessern, andere Ziele zurückstellen?
Soziale Beziehungen	Würde ich für soziale Beziehungen, Freundschaften, Kameradschaften, Freude, Spaß und Humor andere Ziele zurückstellen?
Familie	Würde ich für meinen Wunsch, eigene Kinder zu haben und eine eigene Familie zu gründen, andere Ziele zurückstellen?
Rache/Konkurrenz	Würde ich für meine Rache, mein Streben nach Konkurrenz, Siegen und Wettkämpfen oder Vergeltung andere Ziele zurückstellen? Wie stark lasse ich mich von meinen Aggressionen leiten?
Romantik	Würde ich für Kunst oder Erotik andere Ziele zurückstellen?

Essen	Würde ich für Essen, gemeinsame Mahlzeiten und Kochen andere Ziele zurückstellen?
Körperliche Aktivität	Würde ich für Sport andere Ziele zurückstellen?
Emotionale Ruhe	Würde ich für meine Ruhe, Entspannung und emotionale Sicherheit andere Ziele zurückstellen?
Anerkennung	Würde ich für Anerkennung, soziale Akzeptanz meiner Handlungen, mein Streben nach Zugehörigkeit und positivem Selbstwert andere Ziele zurückstellen?

Menschen unterscheiden sich in der jeweiligen Ausprägung dieser Basismotive. Einige Motive sind für ihr Handeln entscheidender als andere. Der eine strebt mehr nach Ehre, der andere mehr nach Macht, der Dritte ist idealistisch usw. Deutlich wird durch die Untersuchungen, dass Menschen gleichzeitig mehrere Basisziele verfolgen können, um zu ihrer individuellen Zufriedenheit zu gelangen.

Auch Reiss verdeutlicht in seiner Theorie genauso wie Mihaly Csikszentmihalyi, dass unser Streben nach Glück kein Ziel und auch kein Selbstzweck ist, sondern etwas, was sich als Ergebnis dann einstellt, wenn man den Weg, den das eigene Lebensmotiv vorgibt, einhält.

Mit einem Ziel oder Zweck, um etwas zu tun oder zu erreichen, ist quasi das Endergebnis erreicht. Die Erfüllung dessen oder das Wissen, dass man es erreichen wird oder kann, verschafft Zufriedenheit: »Ich tue etwas, um meinen Sinn zu erfüllen.« Der Sinn und Zweck meiner Arbeit oder meiner derzeitigen Lebensphase ist das, was mich momentan antreibt. Folglich führt das, was einen innerlich antreibt, zu den Zielen seines Lebens.

Selbstdefinierte Ziele können den Vorteil haben, dass sie den Weg, der zur Zielerreichung führt, klar benennen und strukturieren, was in der Arbeitswelt sicherlich von Vorteil ist. Aber Ziele werden oft zu hoch angesetzt und der Weg an sich zu gering geschätzt.

»Indem wir uns aber auf das Ziel konzentrieren, räumen wir der Zukunft auf Kosten der Gegenwart den Vorrang ein. Bisweilen kommt die Gegenwart gar nicht mehr vor. Das ist die – auch politische – Moral, nach der der Zweck die Mittel heiligt. Für die Ziele, die in der Zukunft liegen, werden Mittel eingesetzt, die nicht selten die Bedürfnisse und Wünsche der heutigen Menschen ignorieren.«[8]

Picasso als Vorbild

Man kann anhand solcher Theorien und den sich daraus ergebenden Fragen relativ einfach überprüfen, ob die Dinge, die man im Alltag verfolgt, wirklich mit den persönlichen Zielen vereinbar sind. Da wir nicht alle den gleichen Motiven und diesen nicht gleichermaßen unterliegen, kann auf diese Weise typischen Missverständnissen oder Intoleranzen und Selbstbezogenheit bis hin zur Wertetyrannei vorgebeugt werden. So wird plausibel, dass der Fehlschluss, eigene Motive auf den anderen zu übertragen (»Was für mich gut ist, ist auch für andere gut«), nicht gilt. Jeder kann also im Einklang mit sich selbst leben, ohne dieses in der gleichen Form auch von anderen zu erwarten. »Nichts tun erschöpft mich«, meinte beispielsweise Picasso, »wenn ich arbeite, entspanne ich mich.«[9]

Diese Erkenntnis kann man nicht nur in seinen persönlichen Alltag, sondern auch in den Beruf integrieren, ob bei der Mitarbeitergewinnung, bei Teamzusammensetzungen usw. Nebenbei würde es auch unserer Politik und Kirche zu mehr Toleranz und wider den Bekehrungswahn helfen, weil damit untermauert wird, dass jeder Mensch andere Bedürfnisse hat.

Durch die Unterscheidung in Mittel und Zweck kann bei einem »fehlenden« Motiv dieses als Mittel eingesetzt werden, um ein anderes Motiv, nämlich das höher liegende, zu erreichen. Das heißt, jeder kann sich selbst mit einem aus seiner Sicht unwichtigen Ziel arrangieren, wenn er es nicht mehr als fremdbestimmten Zweck ansieht, sondern als ein Mittel annimmt, um sein höheres Lebensziel zu erreichen. Diese Vorgehensweise ist immer dann hilfreich oder notwendig, wenn z. B. durch eine Lebenskrise oder durch ein persönlich bewegendes Ereignis ein Lebensziel nicht erreicht werden kann. Bill Gates, der reichste Mann der Welt, nutzt etwa seine Macht und seinen Reichtum nicht als Ziel, sondern als Mittel, um als größter Spender aller Zeiten in die Annalen einzugehen und seinen Einfluss zu nutzen, anderen Menschen zu helfen. Er setzt Macht als ein Mittel ein, um z. B. auch seinen sozialen (Selbst-)Verpflichtungen nachzukommen und so einen neuen Lebenszweck zu erfüllen. Sein Engagement kann auf Idealismus oder Ehre als Basismotiv hindeuten oder aber auf Erweiterung der Macht, Erhöhung der Anerkennung oder Status.

Wenn jemand immer nach der neuesten Mode gekleidet ist, teure Uhren und das beste Handy besitzt etc., könnte man denken, dass sein wichtigstes Motiv, also sein Sinn, darin liegt, einen hohen Status zu haben. Aber vielleicht ist es gar nicht sein Wunsch, einen hohen Status zu erreichen. Vielleicht ist sein Motiv Anerkennung. Derjenige, der sein wahres Motiv nicht kennt und deshalb die falschen Mittel einsetzt, wird dauerhaft unzufrieden sein.

Wenn für jemanden in einer bestimmten Phase seines Lebens der Sinn darin besteht, anderen Menschen zu helfen, dann bezieht er daraus auch Erfolg und Befriedigung. Vielleicht würde der Modeorientierte viel mehr Anerkennung erzielen und wäre vielleicht auch zufriedener, wenn er eine außergewöhnliche Leistung im Beruf, Sport, Musik oder im sozialen Bereich hervorbrächte. Der scheinbare Mangel an Motivation bei einigen Arbeitnehmern ist oft kein Mangel, sondern möglicherweise die Fehleinschätzung über deren intrinsische Motive. Zugrunde liegende Basismotive zu erkennen, ist also eine wichtige Voraussetzung für die Lebens- und Berufsplanung.

Kapitel 5

Faktor: Sinnfindungs- techniken

Es wurde bereits am Anfang gesagt: Um Komplexität zu reduzieren und zu ertragen, muss man seinen Handlungen Sinn zuordnen. Unsere Ziele und Handlungen müssen für uns Sinn ergeben, damit wir Zufriedenheit aus unserem Handeln erfahren. Aber woran erkennen wir, dass eine Handlung sinnvoll ist? Woran erkennen wir, dass wir unseren Weg gefunden haben?

Der wichtigste Indikator für das Erreichen persönlicher Ziele, also die zuverlässige Messgröße, ob sich jemand noch auf »seiner Spur« befindet, ist seine persönliche Zufriedenheit.

Wenn jemand Erfolgserlebnisse auf seinem persönlich definierten Lebensweg erzielt, ist Unzufriedenheit nahezu ausgeschlossen. Nicht ohne Grund laufen Frischverliebte mit einem Dauerlächeln durch die Gegend. Wir nehmen uns überall mit hin, deshalb kann die Zufriedenheit von Frischverliebten nicht verborgen bleiben. Sie haben – zumindest in ihrer Annahme – für die derzeitige Lebenssituation den richtigen Partner gefunden. Und der untrügliche Indikator dafür ist Zufriedenheit.

Man erkennt es also daran, ob jemand auf die Lösungen, die er gefunden hat, vertraut, indem er eine Basiszufriedenheit ausstrahlt und in sich ruht. In dem Moment, indem man unzufrieden ist, bedeutet es: Man muss weitersuchen. Jemand, der diese Zufriedenheit hat, wird sich im hohen Alter nicht die Frage stellen: »War es das jetzt?« Denn er wird das Leben für die Dinge genutzt haben, die ihm wichtig waren.

Auf den Inhalt kommt es an

Zufriedenheit tritt in zwei Formen auf: als wertebasierte Grundzufriedenheit, die auf einer persönlichen Grundeinstellung basiert und immer wiederkehrende Zufriedenheit schafft, und als kurzfristige Wohlfühlzufriedenheit, die man z. B. auf einer Feier erlebt oder beim Autokauf, wobei das Glücksgefühl hier eng an das auslösende Ereignis geknüpft ist. In der englischen Sprache ist der Unterschied der beiden Zufriedenheitsformen besser dargestellt: Es gibt die Begriffe »satisfaction« und »contentment«. In contentment ist content, also »Inhalt«, im Sprachstamm enthalten. Das heißt, die Angelsachsen äußern bereits sprachlich, dass eine bestimmte Form der Zufriedenheit von Inhalten, von Werten und Zielen, also von Sinn abhängig ist.

Wie sinnvoll jemand seine persönliche berufliche Situation empfindet, lässt sich leicht anhand der folgenden Frage überprüfen, welche die Autoren immer wieder gerne auf Businesstreffen den Gesprächspartnern stellen, bei denen sie den Verdacht hegen, dass die Gesprächspartner ihrer Arbeit nur gegen »Schmerzensgeld« nachgehen.

Die zentrale Frage zur persönlichen Zufriedenheit im Arbeitsleben lautet: »Wenn Sie keine Geldsorgen hätten und Ihre ganz persönlichen Grundbedürfnisse nach Kultur und Bildung, Nahrung, Kleidung und Unterkunft, Urlaub, Auto, Altersvorsorge, gutes Taschengeld u. Ä. abgesichert wären, würden Sie dann Ihre aktuelle Arbeit kostenlos, also ehrenamtlich verrichten?« Wenn jemand die Frage mit »Ja« beantwortet, dann kann er sicher sein, dass er die Arbeit verrichtet, die ihm wirklich am Herzen liegt, die ihn befriedigt und die ihm Sinn gibt. Wenn jemand die Frage mit »Nein« beantwortet, dann sollte er darüber nachdenken, ob das Geld, das er für seine Arbeit bekommt, nicht vielleicht nur ein »Schmerzensgeld« dafür ist, dass er nicht das tun kann, was ihm besser liegen würde.

Wenn sich jemand diese Frage selbst stellt, erhält er einen Indikator, der ihm zeigt, ob es eine Abweichung zu den Zielen gibt, die er für sein Leben bewusst oder unbewusst definiert hat. Er erhält Antwort auf die Frage, die er sich an seinem Lebensabend stellen würde, was er aus seinem Leben gemacht und ob er seine Ziele erreicht hat. Er erfährt, wie wohl er sich mit seiner Arbeit fühlt und wie zufrieden er mit seinem Schaffen ist. Wenn er z. B. bisher angenommen hat, dass Macht und Status sein Lebensweg seien und er trotz hoher leitender Position, Luxusuhr, Luxusauto, Haus und Jacht nicht eine gewisse Grundzufriedenheit erlangt hat, dann ist es spätestens nach dieser Frage Zeit für jemanden, darüber nachzudenken, welches seine wirklichen Ziele und Motive sind. Vielleicht geht es ihm um Anerkennung, die er sich bisher über die Statussymbole erhofft, aber nicht erhalten hat. Der Schweizer Philosoph Richard Egger stellt auf dem Klappentext seiner »Philosophischen Werkzeugkiste für Manager« die Frage:

> »Sind Sie gerade im Begriff, die nächste Stunde Ihres Lebens zu vergeuden? Oder entspricht das, was Sie gerade tun, tatsächlich Ihrem Lebenssinn?«

Da das Leben nicht statisch verläuft, helfen diese oder ähnliche Fragen, sein Leben Revue passieren zu lassen, seine Zufriedenheit zu überprüfen und den richtigen Weg einzuschlagen. Eine dieser Fragen ist etwa, was man während einer bezahlten Auszeit von einem Jahr tun würde. Damit kann man feststellen, wie nahe man an seinen persönlichen Wünschen und Vorstellungen ist. Im übertragenen Sinne ist eine Überprüfung für alle wichtigen Bereiche des Lebens notwendig, um weiterhin zufrieden zu sein; dazu gehört auch die Wahl der Arbeit und Arbeitsstelle.

Koordination nicht vergessen

Die 2002 verstorbene Autorin, Schauspielerin und Sängerin Hildegard Knef nutzte einen antizipierenden Blick aufs Sterbebett und fragte 1999 in einem Lied, das sie gemeinsam mit Till Brönner und Heinz Rudolf Kunze geschrieben hat: »Wer war froh, dass es dich gab? Egal, ob man es mag, doch es kommt der Tag, wo einer fragen wird, was den Menschen an dir lag.«

So wie der Steuermann auf hoher See die aktuellen Koordinaten mit seinem Ziel vergleicht, gilt es also immer wieder zu überprüfen, wie zufrieden man gerade ist und wie weit man von seinen sich einst vorgenommenen Zielen entfernt ist, die man am Lebensende erreicht haben möchte. Der Kapitän kennt das Ziel, weil es ihm vorgegeben ist oder er es selbst bestimmen kann. Für uns Menschen gibt es – außerhalb der Religionen, die dies für sich in Anspruch nehmen – keine vorgegebenen Ziele.

Wir können, um unsere Ziele zu ermitteln, uns gedanklich in eine Position versetzen, die einem Ziel gleicht. Wir können zurückschauen, ob der Weg zu diesem Ziel uns gefallen hat, ob wir ihn ohne Umwege gegangen sind und ob wir zufrieden am Ziel angekommen sind. Das können wir z. B. tun, indem wir uns gedanklich in unseren Ruhestand oder auf unser Sterbebett versetzen. Das widerspricht zwar auf den ersten Blick den derzeitigen Anti-Aging-Kampagnen, aber es hilft dabei, festzustellen, was einem im Leben wirklich wichtig ist, was man gern erreichen würde und wie man sich sein Leben vorstellt.

In fünf Schritten zum Sinn

Dieser antizipierende Lebensrückblick ist eine Technik, die einem besonders verdeutlicht, welche Dinge dem Leben Sinn verleihen: Wenn man z. B. überlegt, was man als Nächstes verrichten soll, dann hilft es meist, wenn man sich vorstellt, auf sein Leben zurückzublicken und sich zu fragen: »Was wollte ich alles erreichen?«, »Was hätte ich noch gern getan?«

Die folgende Grafik verdeutlicht, mit welchen Schritten man seine Ziele und Werte in verschiedenen Lebensphasen oder Lebenssituationen finden kann, die für einen persönlich am meisten Sinn und Befriedigung bieten:

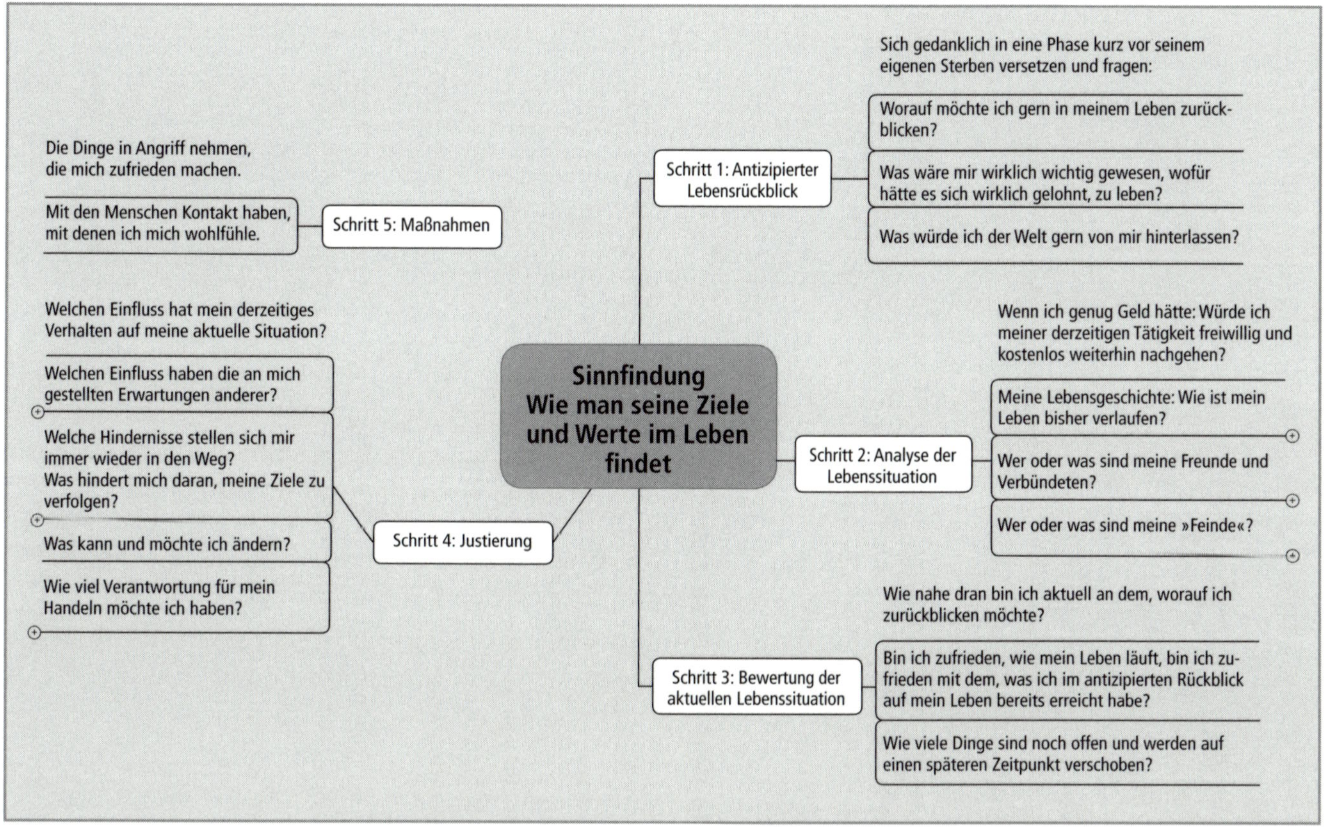
Sinnfindung
Wie man seine Ziele und Werte im Leben findet
Schritt 1: Antizipierter Lebensrückblick
Sich gedanklich in eine Phase kurz vor seinem eigenen Sterben versetzen und fragen:
Worauf möchte ich gern in meinem Leben zurückblicken?
Was wäre mir wirklich wichtig gewesen, wofür hätte es sich wirklich gelohnt, zu leben?
Was würde ich der Welt gern von mir hinterlassen?
Schritt 2: Analyse der Lebenssituation
Wenn ich genug Geld hätte: Würde ich meiner derzeitigen Tätigkeit freiwillig und kostenlos weiterhin nachgehen?
Meine Lebensgeschichte: Wie ist mein Leben bisher verlaufen?
Wer oder was sind meine Freunde und Verbündeten?
Wer oder was sind meine »Feinde«?
Schritt 3: Bewertung der aktuellen Lebenssituation
Wie nahe dran bin ich aktuell an dem, worauf ich zurückblicken möchte?
Bin ich zufrieden, wie mein Leben läuft, bin ich zufrieden mit dem, was ich im antizipierten Rückblick auf mein Leben bereits erreicht habe?
Wie viele Dinge sind noch offen und werden auf einen späteren Zeitpunkt verschoben?
Schritt 4: Justierung
Welchen Einfluss hat mein derzeitiges Verhalten auf meine aktuelle Situation?
Welchen Einfluss haben die an mich gestellten Erwartungen anderer?
Welche Hindernisse stellen sich mir immer wieder in den Weg?
Was hindert mich daran, meine Ziele zu verfolgen?
Was kann und möchte ich ändern?
Wie viel Verantwortung für mein Handeln möchte ich haben?
Schritt 5: Maßnahmen
Die Dinge in Angriff nehmen, die mich zufrieden machen.
Mit den Menschen Kontakt haben, mit denen ich mich wohlfühle.

Stehen oder liegen

Wie im Beispiel mit den Verliebten werden wir Abweichungen von unserem Ziel sofort anhand unserer Unzufriedenheit erkennen. Der Mediziner und Neurowissenschaftler António Damásio spricht von einem emotionalen Erfahrungsgedächtnis, das sich über ein körperliches Signalsystem mitteilt und dadurch dem Menschen bei der Entscheidungsfindung hilft. Er nannte diese Signale somatische Marker. Wenn eine Entscheidungsalternative nicht mit dem eigenen Erfahrungsschatz oder mit dem, was man langfristig als sinnvoll erachtet, übereinstimmt, wirken diese somatischen Marker als Alarmglocke. Manche Autoren, die diesen Gedanken aufgegriffen haben, nennen es auch einfach das Bauchgefühl. Unzufriedenheit ist also ein Gefühl, das ganz deutlich darauf hinweist, dass irgendetwas nicht so läuft, wie wir uns das vorstellen. Immer dann, wenn man über einen längeren Zeitraum nicht zufrieden ist, sollte man sich die oben beschriebenen Fragen stellen, um mit den Antworten (wieder) seinen Weg zu finden, sich wieder zu besinnen.[10]

Es ist also sinnvoll, sowohl seinen Verstand als auch seine Emotionen und Gefühle bei der Sinnfindung zurate zu ziehen. Deshalb ist es in diesem Zusammenhang hilfreich, wenn man sich nicht zu stark verstandesgemäß auf die Suche konzentriert, sondern sich ab und zu auch anderen Tätigkeiten hingibt oder die Körperhaltung wechselt.

Die linke Hirnhälfte (für das logische Empfinden) wird stärker im Stehen aktiviert, die rechte Hirnhälfte (für das emotionale und kreative Empfinden) stärker im Liegen. Ein schönes Beispiel hierzu bietet der ZDF-Kommissar Wilfried Stubbe, der von Wolfgang Stumpf gespielt wird. Wenn er über schwierigen Fällen »brütet«, legt er sich gerne auf seine »nicht mehr ganz neue« Lieblingscouch unterm Dachboden, um dort die besten spontanen Eingebungen für seine Falllösungen zu bekommen. Wenn jemand an einer Lösung für ein schwieriges Problem nachdenkt, dann sollte er die Körperposition verändern oder etwas ganz Sachfremdes tun, um andere Hirnareale zu nutzen. Nur wer sich nicht immer im Kreis um die gleichen Gedanken dreht, lässt auch andere Ideen zu.

Das erklärt auch, warum tatsächlich in vielen therapeutischen Praxen bequeme Sitz- oder Liegemöbel stehen. Und die Geschichte bestätigt immer wieder, dass die besten Einfälle nicht am Schreibtisch zustande gekommen sind, sondern wenn jemand den Gedanken »loslässt«, also beim Duschen, beim Malen oder Musizieren, beim Laufen im Wald oder unter einem Apfelbaum sitzend.

Träumen macht Sinn

Genauso wie man vernünftig über Fragen brüten, seine Intuition über Emotionen oder das Beobachten seiner somatischen Marker bei der Sinnsuche einbeziehen kann, kann man auch seine Träume »beobachten«. Dabei kommt es weniger auf die tatsächlichen Inhalte als auf die Interpretation an, die man für sich aus der Traumsituation zieht. Der amerikanische Ethnologe und Buchautor Carlos Castaneda hat in mehreren Büchern die Wichtigkeit von Traumarbeit für das Alltagsbewusstsein der Yaqui-Indianer beschrieben. Heute werden Techniken des luziden Träumens – also bei Träumen, in denen dem Träumer klar ist, dass er träumt und das Traumgeschehen aktiv steuern kann – auch bei Psychotherapien erfolgreich eingesetzt.

Träume ergänzen die Sicht des Bewussten. Die Hamburger Diplompsychologin und Logotherapeutin Christine Bartholomae geht davon aus, dass die eigene Interpretation von Träumen ebenfalls bei der Sinnfindung helfen kann. Wenn Träume immer wiederkehren, wollen sie einem ihrer Meinung nach etwas mitteilen. Es ist quasi ein Kontaktangebot des Unbewussten an das Bewusstsein. Die Träume kommen so lange wieder, bis man sie aufgearbeitet bzw. an sich gearbeitet hat. Wenn man die Frage »Warum nimmt mein Traum gerade jetzt diesen Standpunkt ein?« für sich beantworten kann, ist man der Suche, was einem wichtig ist, einen Schritt näher gekommen. Symbole bedeuten eine verdichtete Darstellung des Sachverhalts. Bei Traumsymbolen empfiehlt es sich darauf zu achten, was man bei ihrem Erscheinen empfindet. Symbole im Traum stehen für die innere Erfahrung, die eigenen Gedanken, die eigenen Gefühle.

Wir müssen uns in so einem Fall fragen, welche Bedeutung oder »Botschaft« das Erlebnis uns vermittelt. Der Traum gibt auf diese Art und Weise Auskunft darüber, was uns beschäftigt, und vielleicht auch Lösungen, wie wir uns zu verhalten oder bei bestimmten Problemen vorzugehen haben. Darüber können wir Hinweise für eine Orientierung in unserem realen Alltag erhalten und unsere Sinnfindung erweitern.

Auf die richtige Stimmung kommt es an

An unserer Stimmung erkennen wir, wie wohl wir uns insgesamt fühlen und ob wir unseren Lebensmotiven nahe sind. Das bedeutet nicht, dass wir nicht auch mal traurig oder wütend sein dürfen, aber insgesamt ist die Zufriedenheit hoch, wenn man seinem selbst definierten Lebenszweck folgt. Dabei bedarf es keiner besonderen Anstrengung, sondern es kommt hier wie so oft auf das rechte Maß an.

Wenn wir uns regelmäßig auf uns selbst einstimmen, leben wir im Einklang mit uns selbst. Wenn eine Gitarrensaite besonders stramm gestimmt ist, klingt der Ton genauso falsch, wie wenn sie besonders locker gestimmt wäre. Man muss genau die richtige Spannung aller Saiten zueinander finden, damit sie harmonisch zusammenpassen. Wie beim Stimmen eines Instruments ist es mit den eigenen Bedürfnissen, die man kennenlernt, wenn man sich die im Unterkapitel »Techniken der Sinnfindung« beschriebenen Fragen immer wieder und wieder stellt und sich selbst gegenüber ehrlich beantwortet. Sich regelmäßig diese Fragen zu stellen und sie zu beantworten, ist auf uns Menschen bezogen das Gleiche wie für einen Musiker das Stimmen eines Instruments.

Daher kommt wahrscheinlich auch der Ausdruck »im Einklang mit sich selbst sein«. Aber genauso wie das Stimmen eines Instruments die Erfahrung und das Wissen des Musikers voraussetzt, wie die Saiten zueinander stimmen müssen, erfordert es Erfahrung und Übung, Suchen und Probieren, um festzustellen, was genau das richtige Maß ist, was einen selbst in die richtige Stimmung versetzt. Wenn jemand es für sich gefunden hat, ist das Ergebnis Zufriedenheit. Zufriedenheit basiert auf einer guten Stimmung. Im doppelten Wortsinn. Alle mir wichtigen Lebensbereiche, mein Verhalten in den jeweiligen Situationen sind gut aufeinander abgestimmt, bilden eine perfekte Harmonie.

Zwischenbilanz:

Jemand, der in schlechter Stimmung ist, ist nicht gestimmt.

Kapitel 6

Faktor: Identifikation und Flexibilität

Die *Identifikation* mit dem Unternehmen und das *Engagement* für das Unternehmen sind zwei Kriterien, die untrennbar miteinander verbunden sein müssen. Durch anstehende Veränderungen wird die bis dahin mit dem Unternehmen aufgebaute Identität der Mitarbeiter in den Grundfesten ihres Vertrauens erschüttert. In der Wahrnehmung und im Empfinden der Arbeitnehmer scheint durch die Veränderung etwas bedroht, was ihnen bisher viel wert war.

Alle bis dahin durchgeführten Handlungen, die richtig und gut für das Unternehmen waren, der Einsatz, das Engagement und alles, was im Beruf Sinn hergestellt hat, wird durch die Ankündigung der Firmenchefs, im Unternehmen etwas verändern zu wollen, zunächst infrage gestellt. Da eine neue Identität nicht von heute auf morgen gebildet werden kann, müssten die Mitarbeiter eingebunden werden. Sie müssten die Veränderungen nicht nur verstehen, sondern diese auch ihrer »neuen« Identität zuordnen können. Das bedeutet, dass die neuen Handlungen nicht im Widerspruch zu den alten sein dürfen. Nur so bauen sich stabile Systeme – und nichts anderes sind Identitäten – auf. Und jedes System, also auch das Unternehmen, hat als oberstes Ziel: Systemstabilität. Aber anschlussfähige Handlungen können nicht von außen bestimmt werden. Der Arbeitnehmer selbst filtert und ordnet die Dinge je nachdem, was zu seiner Identität passt oder was er dem Unternehmen zurechnet.

Wenn Unternehmen trotz hoher Gewinne Personal entlassen, das eigentlich zu diesen hohen Gewinnen durch seine Arbeit beigetragen und sich mit dem Unternehmen identifiziert hat, kann kein Manager erwarten, dass sich die verbliebenen Mitarbeiter mit dem Unternehmen identifizieren, da Identifikation in diesem Unternehmen offensichtlich kein Garant für eine sichere Zukunft ist. Identifikation kann nicht durch Kündigung erzeugt werden, das wäre ein Widerspruch. Selbst wenn jemand heute nicht von einer Kündigungswelle betroffen ist, wer garantiert ihm, dass es ihn nicht morgen oder übermorgen trifft? Beim Arbeitsplatzabbau trotz Gewinn identifizieren sich die verbliebenen Arbeitnehmer eher mit den entlassenen Kollegen als mit dem Unternehmen, das diese Maßnahme durchführt. Wenn hier kein Umdenken durch das Management oder durch die Unternehmer erfolgt, wird es noch viele Übernahmen, Fusionen und Insolvenzen geben, welche die Mitarbeiter in hohem Grad frustrieren werden.

Menschen tun meist nur das, was ihnen wichtig ist, und ihr Handeln muss Anschluss an die bisherigen Erfahrungen haben, damit ihre Identität stabil bleibt. Der Kriminalpsychologe und Buchautor Thomas Müller, der als »schillernder Star unter den Profilern« (Die Zeit) gilt, erstellt Täterprofile, die auf der Erkenntnis basieren, dass keine Handlung unmotiviert ist und immer die Bedürfnisse des Täters und das, was ihm gerade wichtig ist, widerspiegelt. Personalchefs können sich diese Erkenntnisse durchaus nutzbar machen, wenn man Bewerber und Aspiranten näher unter die Lupe nimmt und ein Muster hinter ihrem Erscheinen und Lebenslauf sucht. In vielen Unternehmen haben auch die Kollegen abteilungsintern Einfluss bei der Wahl eines neuen Mitarbeiters. Sie können letztendlich entscheiden, ob »der Neue« ins Team passt.

Deshalb müssten Unternehmen viel stärker auf den Lebenslauf von Bewerbern achten, denn nur eine Analyse bzw. das »Aspiranten-Profil« verrät: Was war dem Kandidaten wirklich wichtig im Leben? Wie begründet er dies? Wie begründet er seinen Jobwechsel? Sind es persönliche Beweggründe, die etwas aussagen, also Gewicht und Bedeutung haben, oder sind es Begründungen, die dem neuesten Bewerbungsratgeber entnommen sind und nur soziale Erwünschtheit in den Antworten widerspiegeln? Über diesen Weg erhält man auch einen plausiblen Aufschluss darüber, wer vor einem sitzt und warum ihm genau diese Arbeit wichtig sein könnte. Die Identifikation mit dem neuen Unternehmen darf die bisherige Identität nämlich nicht infrage stellen, sondern sollte sie ergänzen und weiterhin stabilisieren. Das gelingt nur, wenn der Unternehmenssinn sich mit der Sinnsuche des Bewerbers und jenem der anderen Teammitglieder deckt.

Zwischenbilanz:

Mitarbeiter-Identitäten und Verbundenheit mit dem Unternehmen bilden sich über bisherige Werte, Handlungen und Visionen des Unternehmens aus.

Mitarbeiter haben ein hohes Interesse, das Unternehmen qualitativ weiterzuentwickeln, wenn sie einen Nutzen oder Sinn daraus ziehen.

Mitarbeiter haben ein Gespür dafür, welche Interessen ihre Vorgesetzten verfolgen. Wer als Manager nur den Börsenkurs im Auge hat, wird seine Mitarbeiter nicht authentisch zu Höchstleistungen bewegen können. Es sei denn, das Unternehmen teilt fair.

Flexibilität

Sinnsuche und Sinnfindung erfordern Entscheidungen und Entscheidungen bewirken Veränderungen. Wer nach Sinn sucht, muss sich entscheiden. Wer sich entschieden hat, bewirkt wiederum, dass sich etwas verändert. Wenn wir uns nicht entscheiden können oder keine Veränderungen herbeiführen wollen, werden andere für uns entscheiden und dadurch die Veränderungen bewirken. Besser ist es, selbst zu entscheiden, denn nur dann kann man die Veränderung mitgestalten. Die Basis jeder Veränderung ist also eine Entscheidung. Wird keine Entscheidung getroffen und lässt man alles auf sich zukommen, wird dennoch eine Veränderung stattfinden; allerdings wird diese in eine Richtung gehen, in die man von selbst wohl nicht gehen würde – weil man sie nicht aktiv beeinflussen kann.

Selbst wenn es sich einige Unternehmer noch so wünschen mögen: Die Mitarbeiter werden sich nicht bloß deswegen verändern, weil das Unternehmen es erwartet, sondern nur dann, wenn sie einen Sinn in der Veränderung sehen. Das erklärt auch das Klagen, das viele Ehepartner kennen, wenn sie sich wünschen, dass der Partner sich ändern möge. Ohne einen selbst erkannten Sinn fehlt die Motivation für die Veränderung. Erst der Sinn und das daraus entwickelte Ziel ermöglichen den Veränderungswillen. Unter diesem Gesichtspunkt ist es umso unverständlicher, wenn Unternehmen ihre Mitarbeiter über Veränderungen oder neue Ziele gleichzeitig mit der Öffentlichkeit informieren. Noch schlimmer ist es, wenn Firmenchefs ihren Mitarbeitern Veränderungen »über die Medien« ausrichten lassen. Man kann nicht erwarten, dass sich Angestellte mit Unternehmen, die so agieren, identifizieren.

Hier zeigt sich beispielhaft, wie stark der Homo oeconomicus und seine Berechenbarkeit und Steuerbarkeit in den Chefetagen mancher Unternehmen immer noch verankert ist. Ein wichtiger Bestandteil der Steuerung menschlicher Reaktionen und der Veränderungen sowohl beim Kundenverhalten als auch in dem der Unternehmer ist aber: Sinn. Sinn, den die Unternehmen und Arbeitnehmer in den Veränderungen sehen, Sinn, den man vermitteln kann, um notwendige Veränderungen zu kommunizieren.

Zwischenbilanz:

Wenn Änderungen in der Firma notwendig sind, dann müssen Mitarbeiter aktiv in den Ablauf eingebunden werden, wenn man weiterhin eine hohe Identifikation mit dem Unternehmen wünscht.

Damit die Arbeitnehmer die Chance haben, für sich einen Sinn in der Veränderung zu erkennen, müssen Veränderungen als Prozess eingeführt werden und nicht zu einem Stichtag, was den Identitätswechsel erschwert.

Das Aufgeben einer alten Identität als Voraussetzung einer Veränderung erfolgt nur dann, wenn die neue Identität Anschluss an die bisherige bieten kann und hieraus ein Nutzen durch eine neue stabile Identität gezogen werden kann.

Hürdenlauf

Viele Menschen würden für einen kurzfristigen Lustgewinn oder Vorteil langfristige Ziele oder Erfolge vernachlässigen. Das ist nicht nur in Wirtschaftsunternehmen so, sondern auch bei Einzelpersonen. Wie oft naschen wir Süßigkeiten, um uns später über die zu vielen Pfunde zu ärgern. Langfristig dick zu sein, wird für die kurzfristige Befriedigung des Bedürfnisses nach Zucker in Kauf genommen. Veränderungen sind deshalb schwer.

Sind Menschen zu träge für Veränderungen? »Das war schon immer so …« ist ein Scheinargument, das häufig bei Veränderungsunwilligen zu hören ist. Streng genommen basiert die implizite Folgerung, deshalb nichts verändern zu wollen, auf einem Umkehrschluss, den es zu durchschauen gilt. Es sagt nichts über die Zukunftsfähigkeit des Verhaltens aus. Nur die immer wiederkehrende Anpassung an die jeweiligen Situationen hat im Lauf der Evolution das Überleben der Arten gesichert. Ein Unternehmen etwa, das sich gegen die »Neuen Technologien« sträubt, ein Firmenchef, dem E-Mails egal sind, können nicht auf die Bedürfnisse der Kunden eingehen, die immer schneller informiert und beliefert werden wollen.

Gewohnheiten sind der Feind der Veränderung

Wie schwer Veränderungen selbst bei den einfachsten Dingen fallen, zeigen unsere Gewohnheiten auf. Durch die Hirnforschung wissen wir, dass Lernen quasi Muster im Gehirn erzeugt, weil die Synapsen – also die Kontaktstellen zwischen zwei Nervenzellen – sich durch Lernen immer dann bilden, wenn sie gebraucht werden. Und je öfter sie gebraucht werden, desto stärker vernetzen sie sich. So bilden sich mit der Zeit Muster, die sich immer stärker stabilisieren.

Diese Muster erleichtern es uns, in wiederkehrenden Situationen schnelle Entscheidungen zu treffen, weil die Randbedingungen bekannt scheinen und auf diese Muster zurückgegriffen werden kann. Deshalb sind Rituale so beliebt, weil sie Sicherheit für die Beteiligten durch Vertrautes in den entsprechenden Situationen schaffen.

Für die Reduktion von Komplexität sind diese Muster ein perfekter Mechanismus, aber für Veränderungen sind sie das genaue Gegenteil. Diese Muster werden bei ähnlichen Situationen eben immer wieder hervorgeholt, und die Entscheidungen, die früher in ähnlichen Situationen getroffen wurden, werden auch jetzt wieder – quasi als Vorschlag – angeboten. Denn es ist das bequemste, auf bewährte Muster zurückzugreifen, weil Eventualitäten, »böse« Überraschungen und Nicht-Gewolltes nicht berücksichtigt werden müssen und das Ergebnis der Entscheidung scheinbar bekannt ist.

Wir gewöhnen uns manchmal so sehr an bestimmte Verhaltensweisen, dass wir Veränderungen in unserer Alltagsumgebung manchmal kaum wahrnehmen und uns weiterhin so verhalten, als hätten keine Veränderungen stattgefunden. Das heißt, die Stabilität, die wir durch unser Handeln und die damit verbundene Identifikation erlangen, ist gleichzeitig das größte Hindernis, wenn wir auf veränderte Bedingungen reagieren sollten oder gar müssten. Wir versuchen weiter so zu leben wie bisher, verstellen uns aber den Blick dafür, dass sich um uns herum vieles verändert hat.

Das ist der Grund, warum wir uns in einer gewohnten Umgebung nach dem Motto »My home is my castle« oft so wohlfühlen, weil die Aktionen und Reaktionen in vergleichbaren Situationen bekannt sind. Das ist aber auch der Grund, warum uns Veränderungen in unserer Umgebung oft Unbehagen bereiten, weil wir die Folgen unserer Aktionen und Reaktionen nicht so sicher abschätzen können, wie wir es bisher gewohnt waren und es uns wünschen, um weiterhin in für uns stabilen Mustern zu leben. Bei Veränderungen scheint zunächst also die Stabilität unserer Identität gefährdet, weshalb viele Menschen Veränderungen als Bedrohung ansehen.

In der Arbeitswelt wird dies oft besonders deutlich. Das Unternehmen, in dem man seit vielen Jahren arbeitet, ist einem von Jahr zu

Jahr vertrauter geworden. Irgendwann weiß man »blind«, wie man auf welche Situation bzw. Entwicklung zu reagieren hat. Die Vorgaben der Unternehmensleitung sind bekannt und man hat sich im Laufe der Zeit mit ihnen mehr oder weniger sogar identifiziert, alles läuft nach »Schema F« ab. Wenn nun eine Veränderung angekündigt wird, deren Folgen wir noch nicht abschätzen können, scheint diese Stabilität gefährdet. Das ist der Grund, warum sich so viele Menschen selbst gegen – von außen betrachtet – notwendige Veränderungen sperren. Das erklärt auch, warum die Veränderung gewohnter Arbeitsabläufe den Mitarbeitern schwerfällt. Das trifft auch zu, wenn sich das Kommunikationsverhalten im Unternehmen oder das Verhalten der Führungsebene ändert:

> »Ein Mensch kann nicht seine eigene grundlegende Terminologie infrage stellen, ohne zugleich seine eigenen Zielsetzungen infrage zu stellen. Wenn er die Erklärungen, an die er einmal geglaubt hat, in großem Umfang verwirft, dann hat er sich entfremdet und hat eine Welt verloren. Er hat sich ›geistig enteignet‹. Wenn er aber eine Reihe von Gegenerklärungen akzeptiert oder selbst erfindet, dann hat er die Welt wiedergewonnen, denn die Welt ist nicht allein ›dort draußen‹, sondern sie ist auch, was er aus ihr macht.«[11]

Dieser Gedanke findet sich auch im berühmten Thomastheorem wieder: Wenn ein Mensch eine Situation als wirklich empfindet, dann ist sie wirklich, mit allen ihren Konsequenzen. Es ist für das Handeln egal, ob ein allgemeingültiger, intersubjektiver Sinn hinter einer Sache steht oder nicht. Wenn jemand eine Handlung oder Situation als sinnvoll erachtet, erleichtert allein dieser Umstand die Situation oder das Handeln. Diese Entscheidungen bilden durch die Systemzuordnung einen Teil der Identität eines Arbeitnehmers: »Im Verlauf der Handlung findet eine Identifikation des Selbst mit dem objektiven Sinn der Handlung statt.«[12] Die Entscheidungen sind ein Teil seiner Wirklichkeit geworden, die sich zwar von denen anderer Arbeitnehmer unterscheiden können, aber für ihn im Alltag richtungweisend sind.

Wenn immer dieselben Lösungswege von Unternehmen oder Arbeitnehmern genutzt werden, können Probleme oft nicht behoben werden. Viele Unternehmen scheuen sich aber aus Angst, neue Wege zu gehen, denn es besteht – oft nur scheinbar – das Risiko, dass neue Möglichkeiten nicht den gewünschten Erfolg bringen, den sich das Unternehmen vorgestellt hat. Diese Kontingenzproblematik ist auch eine der Hauptursachen, warum einige Menschen es vorziehen, nicht aktiv zu entscheiden. Aber dadurch wird die Kontingenz nicht minimiert, sondern die Entscheidung entzieht sich ausschließlich unserem direkten Einfluss. Die Verantwortung bleibt, wie Molière sagte: »Man ist nicht nur verantwortlich für das, was man tut, sondern auch für das, was man nicht tut.« Doch diese Erkenntnis erfordert Bereitschaft zur Reflexion. Und für Reflexion benötigen wir Zeit und Rückzug. Aber genau das ist es, was wir immer weniger suchen, weil wir uns jederzeit ablenken lassen.

Die scheinbare Sicherheit, die das Bekannte bietet, führt dazu, dass einige Menschen nahezu verzweifelt an dieser bekannten, vermeintlichen Sicherheit festhalten. Oft trauen sich die meisten gar nicht, zu prüfen, ob andere Optionen für sie vielleicht in der jeweiligen Situation die besseren wären. Trauen und Trauern liegen nicht nur sprachlich eng beieinander. Wer sich nicht traut, wird häufig um die verlorenen Möglichkeiten trauern.

Wenn eine Führungskraft zwanzig Jahre nach einem bestimmten Muster kommuniziert und seine Mitarbeiter geführt hat, dann ist es verständlich, warum Veränderungen schwerfallen. Da helfen selbst Führungsseminare wenig, da die Führungskräfte bereits nach kürzester Zeit wieder in die alten Verhaltensmuster zurückfallen. Auch hier ist eine regelmäßige Erinnerung, die neu gelernten Muster anzuwenden, nicht nur hilfreich, sondern wahrscheinlich die zwingende Voraussetzung für Veränderung; neben der notwendigen Selbsterkenntnis, dass das neue Verhalten Sinn macht. Man muss sich immer wieder daran erinnern oder daran erinnern lassen, das neu gelernte Verhalten umzusetzen. Manchmal müssen auch Selbstverständlichkeiten wieder ins Bewusstsein geholt werden. Deshalb macht erst Übung den Meister.

In einigen Berufen ist dies Standard. Piloten gehen immer wieder die Checkliste durch, obwohl sie diese nach mehreren Berufsjahren sicherlich auswendig können. Aber sie wissen, dass sie trotz oder wegen der Routine einen Punkt vergessen könnten. Weil es hier ganz offensichtlich um die Sicherheit von Menschen geht, leuchtet jedem dieses Sicherheitsverhalten durch das Abfragen einer Checkliste ein. Es ist quasi ein Kampf gegen die Windmühlen der eigenen Gewohnheit, der aber jeden Tag gewonnen werden muss.

Auch ein regelmäßiger Rückzug, um bisheriges Verhalten und Wege zu überdenken, zu überprüfen und zu hinterfragen, fördert diesen Lern- und Veränderungsprozess. Für Dinge, von denen jemand überzeugt ist, worin er Sinn erkennt und hinter denen er steht, engagiert er sich. Um dieses Engagement und den Sinn in bestimmten Dingen zu sehen, braucht derjenige aber auch Zeit, sich diesen Überlegungen zu stellen. Ablenkung trägt dort nicht zur Zufriedenheit bei. Daher ist es hilfreich, sich regelmäßig kurze Auszeiten zu nehmen und sich etwa für »moderates Schweigen« einen oder ein paar Tage zurückzuziehen; ohne TV, ohne Radio, ohne E-Mail. Handy nur für Notfälle. Kein Small Talk und keine intensiven Gespräche. Wenn man dies auch noch mit einer Wanderung verbinden kann, weiß man wieder, wie viel Zeit man überhaupt hat. Dann bekommt Zeit eine völlig neue Dimension. Nach spätestens zwei Tagen Schweigen sprudeln die Gedanken förmlich aus einem heraus. So wie ein Geiger hören muss, ob die Violine richtig gestimmt ist, müssten wir Menschen in uns hören, ob wir richtig gestimmt sind.

Ein neu aufzubauendes Muster muss nicht nur Sinn ergeben, sondern das Lernen desselben sollte auch möglichst Spaß machen und darf nicht auf Angst beruhen, was heute leider immer noch üblich ist. Das Gehirn benötigt wie erwähnt für das langfristig erfolgreiche

Lernen die Gelegenheit, Muster aufzubauen, indem es Prinzipien erkennt und Zusammenhänge herstellen kann. Seit den 1920er-Jahren weiß man, dass Lernen verbunden mit positiven Emotionen zu einem schnelleren Lernerfolg führt.

Wir prüfen, bewusst oder unbewusst, ob eine Handlung für uns Sinn ergibt. Aber wir prüfen es nicht jedes Mal so detailliert wie beim ersten Mal, wenn wiederkehrende oder vergleichbare Situationen auf uns zukommen. Mit jeder Wahl, die wir als Handlungsmöglichkeit für uns treffen, prüfen wir, ob sie Anschluss an unsere bisherigen Handlungen hat. Diese Prüfung der Anschlussfähigkeit an die bisherigen Handlungen führt dazu, dass wir irgendwann mal bestimmte Handlungsmuster bevorzugen, mit denen wir uns dann immer stärker identifizieren. Die manchmal negative Erfahrung, die man durch die Wahl neuer Möglichkeiten machen kann, führt einige irrtümlich zu einem falschen Umkehrschluss: Ausprobieren von Neuem = negative Erfahrung; Festhalten an Bewährtem = positive Erfahrung.

Sinn ist ansteckend

Kann der Einzelne überhaupt etwas bewirken? Was ist, wenn die anderen nicht mitmachen? Da die Sozialwissenschaft und Motivationsforschung genauso wie die Hirnforschung zeigen, dass werteorientiertes Handeln und Zielorientierung zur Zufriedenheit führen, wäre allein dies schon ein Grund für Sinnstiftung in Unternehmen und für die Stärkung einer Sinnkultur. Denn Sinn, Engagement und Werte sind nicht wirklich voneinander trennbar. Sinn ist ansteckend, vielleicht muss es deshalb manchmal jemanden geben, der andere ansteckt.

Sinn und Werte, aber besonders die Veränderung von Verhaltensweisen und Bewertungen hängen eng mit Vorurteilen zusammen. Aber hier kann der Einzelne durchaus etwas bewegen: Am 1. Dezember 1955 hat die spätere US-amerikanische Bürgerrechtlerin Rosa

Louise Parks im »Montgomery Bus Boycott« weltweit Vorurteile aufgebrochen, die bis dahin fest in den Köpfen vieler Menschen saßen, und das Argument widerlegt, »man könne jetzt nichts mehr ändern, weil sich alle schon mit der Situation abgefunden haben«. Zur Erinnerung: Parks hat sich als Farbige nach einem anstrengenden Arbeitstag in einen voll besetzten Bus neben einen Weißen gesetzt, was damals streng verboten war. Als sie sich schließlich noch weigerte, den Platz für einen Weißen frei zu machen, wurde sie von der Polizei festgenommen. Diese Maßnahme führte unter den Schwarzen der Stadt dazu, zivilen Ungehorsam zu leisten, was in der Folge zur Aufhebung der Rassentrennung in öffentlichen Verkehrsmitteln führte.

Es ist ein gutes Beispiel dafür, dass der Einzelne große Menschenmengen dazu bewegen kann, anders zu handeln und anders zu denken. Das führte wahrscheinlich in der Folge sogar dazu, dass die USA – zwar erst 54 Jahre später, aber immerhin – den ersten farbigen Präsidenten haben.

Kapitel 7

Faktor: Konfliktlösung

Für die Zufriedenheit am Arbeitsplatz ist also die eigene Sinnfindung die wichtigste Voraussetzung. Aber auch die Kollegen sollten eine gewisse Grundzufriedenheit ausstrahlen, damit es am Arbeitsplatz nicht nur zufrieden, sondern auch friedlich zugeht und es nicht zu Konflikten kommt.

Jeder Konflikt spiegelt auf der einen Seite zunächst die Diskrepanz zwischen Bedürfnis und Bedürfnisbefriedigung wider. Die tiefere Ursache von Konflikten ist auf der anderen Seite meist die unterschiedliche Wahrnehmung von Situationen und Sachverhalten und v. a. die daran anschließende unterschiedliche Bewertung dieser Sachverhalte.

Diese unterschiedliche Bewertung kann auf falsch interpretierten Umkehrschlüssen basieren oder es wird von den verschiedenen am Konflikt Beteiligten ein unterschiedlicher Sinn in die Sachlage gelegt und auch mehr oder minder offen verteidigt.

Das erklärt, warum einige Menschen so vehement um ihre Positionen kämpfen, die auf diesen sinngeleiteten Komplexitätsreduktionen beruhen. Es geht für sie tatsächlich um ihre Identität, die sich aus der bisherigen Sinnzuordnung gebildet hat.

Innere Konflikte – äußere Konflikte – Sinnkonflikte

Im Konflikt wird der Sinn, den die Beteiligten jeweils in die Situation gelegt haben, von der jeweils anderen Partei bewusst oder unbewusst infrage gestellt und damit zugleich auch die Identität der anderen Person oder Gruppe angegriffen. Das ist der Grund, warum viele Konflikte unterschwellig fortbestehen und zur Unzufriedenheit oder gar Frustration von mindestens einer der beteiligten Seiten führen. Wenn das Klima in einer Firma nicht passt, leiden alle Beteiligten.

Konflikte können dauerhaft nicht durch Kompromisse gelöst werden, sondern nur dann, wenn die unterschiedlichen Wertevorstellungen erkannt, angeglichen und akzeptiert werden; darauf beruhen nämlich häufig die unterschiedlichen Erwartungen. Das funktioniert dauerhaft aber nur dann, wenn werteorientierte Bedürfnisse geklärt werden, was in der Praxis aber eine oft zeitraubende Angelegenheit ist.

Wenn man von einem erfüllten und sinnvollen Leben spricht, stellen sich viele die Situation vor ihrem Tod vor: »Ich möchte rückblickend nichts versäumt haben oder mich ärgern, dieses oder jenes nicht probiert zu haben.« Wenn sich nun die aktuelle Lebenssituation stark von dem unterscheidet, was man rückblickend auf dem Sterbebett in seinem Leben gern erreicht und hinterlassen hätte, dann wird der Wunsch, diese Differenz auszugleichen, unseren Alltag beeinflussen. In den Sozialwissenschaften nennt man solche Zustände kognitive Dissonanz. Wenn andere, z. B. Arbeitskollegen, uns durch ihr Verhalten dazu bewegen wollen, von unseren Vorstellungen abzuweichen, kommt es zu einem sichtbaren – äußeren – Konflikt. Dieser beruht aber oft darauf, dass wir nur spüren, was die Differenz ausmacht, die meisten können die Gründe für die Dissonanzen aber gar nicht genau formulieren. Wir fühlen uns dann »irgendwie« von der Situation bedroht und reagieren entsprechend mit Ärger oder Verweigerung. Wüssten wir genau, worin unser innerer Konflikt liegt, weil wir uns mit unseren Lebenszielen stärker auseinandergesetzt hätten, dann könnten wir den Konflikt besser erfassen und adäquat darauf reagieren.

Zwischenbilanz:

Je stärker die Situation, in die uns der Konfliktgegner bringt, von unseren Lebenszielen abweicht, desto stärker reagieren wir mit Ablehnung.

Solange jemand sein(e) Lebensziel(e) nicht klar und bewusst definiert hat, wird er durch diesen inneren Konflikt keine für ihn zufriedenstellende Lösung in einem äußeren Konflikt finden, weil er die Differenz nicht bewusst erkennen kann.

Konflikte in Unternehmen sind – wenn es sich nicht um reine Verteilungskonflikte handelt – fast immer darauf zurückzuführen, dass die aktuell empfundene Lebens- oder Arbeitssituation nicht mit den definierten Lebenszielen oder den Basisbedürfnissen übereinstimmt.

Konflikte am Arbeitsplatz

Um einen Konflikt im Unternehmen dauerhaft lösen zu können, ist es wichtig, zu überprüfen, inwieweit dieser nicht ursächlich ein innerer Konflikt ist. Wenn der Job überhaupt nicht den Idealen, Lebenszielen oder Neigungen entspricht, dann kann jeder Anlass genommen werden, seine Unzufriedenheit zum Ausdruck zu bringen. Und das kann schnell in einen Konflikt ausarten.

Eine gewisse Zeit lassen sich sowohl innere als auch äußere Konflikte für viele durch »Schmerzensgeld« ertragen, wenn die »Gage« passt, akzeptiert man Dissonanzen im Beruf. Allerdings wird sich dauerhaft keine Zufriedenheit einstellen, solange diese Diskrepanz nicht beseitigt ist.

Wenn in Unternehmen auf »hohem Niveau« Unzufriedenheit über die Arbeit herrscht, dann liegt diesem mit hoher Wahrscheinlichkeit eine ungelöste Sinnfrage zugrunde. Entweder passt die aktuelle Situation nicht in das Lebenskonzept des Arbeitnehmers oder dem Unternehmen gelingt es nicht, den Sinn seiner Produkte und Dienstleistungen transparent darzustellen. Ist Letzteres der Fall, wird es für das Unternehmen schwer, den Sinn auch potenziellen Kunden dauerhaft zu vermitteln, die Folge ist, dass auch das Werbeetat für »Überzeugungsarbeit« entsprechend erhöht werden muss.

Die meisten Konfliktlösungstechniken versuchen zwar inzwischen die Bedürfnisse der einzelnen Parteien zu berücksichtigen, sind aber letztlich doch darauf ausgerichtet, Kompromisse zu erzielen. Es wird durch die Konfliktlösungstechniken meist nicht abgeglichen, ob die aktuellen Bedürfnisse überhaupt mit den unterschiedlichen langfristigen Lebensmotiven und -zielen der beteiligten Personen übereinstimmen. Die inneren Konflikte werden bei Unstimmigkeiten selten oder gar nicht bearbeitet. Als effektive und effiziente Techniken, um kurzfristig die Konfliktparteien zueinander zu bringen, sind Standardkonfliktlösungstechniken durchaus geeignet. Trotzdem zeigt die Erfahrung, dass die Konflikte nicht selten unterschwellig weiter existieren und in eine langfristige Unzufriedenheit der Konfliktparteien münden. Eine Lösung, bei der sich die Konfliktparteien tatsächlich auch emotional aufeinander zu bewegen, gelingt dann, wenn die inneren Konflikte erkannt, thematisiert und durch gegenseitige Toleranz oder Akzeptanz gelöst werden.

Toleranz-Bereitschaft

Wenn man anfängt, den eigenen Sinn nicht höher zu bewerten als den Sinn anderer, weil man erkannt hat, dass es unterschiedliche Arten von Sinn für ein und dieselbe Situation gibt, dann ist bei Konfliktlösungen viel gewonnen. Wer einen Sinn dem anderen gegenüberstellt, vergleicht und bewertet, welches denn der höchste Sinn sei, lässt die Falle jedoch wieder zuschnappen, weil man dann wieder auf der Suche nach *dem* Sinn wäre.

Wenn zwei Partner eine Freundschaft oder Beziehung eingehen und ihre Lebensziele nicht kennen oder für sich nicht genau definiert haben, dann wird spätestens dann ein Konflikt auftauchen, wenn einer der beiden beginnt, sich Gedanken über seine Lebensziele zu machen. Und die Erfahrung zeigt, dass jeder Mensch früher oder später über sein Leben und seine Ziele nachdenkt. Wenn dann die Lebensziele nicht mit dem Partner gemeinsam realisiert werden können, hilft es, wenn der Partner einen zumindest nicht daran hindert, sich entsprechend zu verändern. Stehen aber die Lebensziele im Gegensatz zueinander oder entwickeln sich in eine gegensätzliche Richtung, dann sind Konflikte vorprogrammiert. Hat etwa ein Partner das Lebensziel, möglichst vielen Menschen zu helfen und Bedürftige zu unterstützen, der andere aber will in seinem Leben ein möglichst großes Vermögen anhäufen, um es seinen Nachfahren zu hinterlassen, dann wird es zu schwer lösbaren Konflikten kommen.

Die Erkenntnis, dass Sinn unterschiedlich umgesetzt werden muss, könnte so manchen Generationenkonflikt in Familien besänftigen.

Wenn der erfolgreiche Tischler und Unternehmer glaubt, der Sinn im Leben seiner Familie läge in der Fortführung seines Handwerks, der Sohn aber lieber den Beruf eines Bäckers erlernen will, ist der Konflikt vorprogrammiert. Wenn der Vater in dieser Situation erkennt, dass sein Sinn nicht automatisch der seines Sohnes sein muss, dann ist der Konflikt lösbar.

Mit sich ins Reine kommen

Der Volksmund kennt die Formulierung »Der ist mit sich selbst nicht ganz im Reinen«. Gibt es in einem Unternehmen Unstimmigkeiten, die bereinigt werden sollen, indem man die Konfliktparteien an einen Tisch setzt, so kann eine Lösung nur dann funktionieren, wenn beide Parteien mit sich »im Reinen« sind. Jeder kennt die Situation, dass Streitigkeiten zwar beigelegt scheinen, aber unterschwellig fortbestehen, weil die Bedürfnisse und Motive der Mitarbeiter verschieden sind. Diese müssen bei einer dauerhaften Lösung viel stärker berücksichtigt werden.

Zwischenbilanz:

Differenzen entstehen dann, wenn eine aktuelle Situation vom jeweiligen Lebensziel eines der Beteiligten abweicht.
Bei einem Konflikt beharren beide Seiten darauf, dass ihre Bedürfnisse befriedigt werden. Nur dann, wenn die Bedürfnisse beider Konfliktparteien befriedigt sind, kann eine Unstimmigkeit sinnvoll und dauerhaft gelöst werden.

Kapitel 8

Faktor: Resilienz

Immer wieder hört man von Menschen, wenn sie Krankheiten überstanden haben oder einen Todesfall im eigenen Kreise hatten, dass sie in solch einem Krisenmoment darüber nachdachten, was der Sinn ihres Lebens sei, und wie sie versuchten, sich in solchen Momenten zu besinnen. Sich zu besinnen bedeutet – wie bereits im Kapitel 3 ausführlich dargestellt –, über den Sinn nachzudenken. Aber nicht philosophisch über einen allgemeingültigen Sinn, sondern über einen Sinn für sich selbst in der aktuellen Situation. Also darüber, wie man Sinn für sich in eine bestimmte Situation bringen kann. Das ist nicht immer leicht, denn welchen Sinn soll es haben, durch eine Krankheit oder einen Unfall ans Bett gefesselt zu sein. Oder bei einem tragischen Unfall wie einem Flugzeugabsturz ein Familienmitglied verloren zu haben. Manchmal halten diese Sinnsuch-Phasen nicht lange an und man lebt sein Leben genau wie zuvor. Bis zur nächsten Krise. Durch die Resilienzforschung – einem Forschungszweig unterschiedlicher Disziplinen, die sich damit beschäftigen, wie Menschen schwierige Lebensphasen durchlaufen und gestärkt aus ihnen hervorgehen – wissen wir, dass diejenigen, die besonders gut aus schwierigen Lagen hervorgehen, u. a. auch Antworten für sich gefunden haben, um künftig vergleichbare Situationen besser und schneller überwinden zu können. Einige Menschen sind in Krisensituationen wie gelähmt, andere hingegen stehen immer wieder auf, setzen sich stets neue Ziele und gehen diese aktiv an.

Der Begriff Resilienz stellt die Analogie zum Stehaufmännchen her, das einen so schweren Körpermittelpunkt hat, dass es immer wieder in die Ausgangsposition gelangt, wenn man es umkippt.

Resiliente – also »Stehaufmännchen« – ziehen einen Sinn aus der Lage, aus der sie damit herauswachsen. Ihr Mittelpunkt, der sie immer wieder aufstehen lässt, ist u. a. ihre Fähigkeit, Situationen Sinn zuzuordnen, was ihnen Handlungsorientierung ermöglicht. Sie sehen an einem bestimmten Zeitpunkt die Verantwortung des eigenen Handelns und können selbst Lösungen für ihre Zukunft erarbeiten. Dadurch gewinnen sie insgesamt eine Zuversicht, die ihnen das Selbstvertrauen gibt, auch zukünftige schwierige Situationen leichter zu bewältigen.

Zum Stehaufmännchen werden

Laut Manfred Spitzer und auch Gerhard Roth, zwei der bekannten Hirnforscher in Deutschland, ist das Gehirn darauf ausgerichtet, ständig zu lernen. Jemand, der nicht mehr lernen möchte, handelt somit quasi gegen seine eigene Natur. Wenn einem dagegen immer alles vorgesetzt wird, wenn immer jemand für einen da ist, der alles erledigt, warum sollte man dann überhaupt lernen, etwas selbst zu tun? Es gäbe überhaupt keinen Grund für ihn, sich zu entwickeln, geistig zu wachsen und zu reifen, erwachsen zu werden. Geistig wachsen können wir nur, wenn wir uns den Dingen stellen und selbst die Lösungen für die – oft nur scheinbaren – Probleme finden. Die meisten Personen, die eine Krise hinter sich gebracht haben, berichten, dass dieser Ausnahmezustand maßgeblich zu ihrer positiven Entwicklung beigetragen habe. Den Sinn einer Krise erkennt man allerdings immer erst dann, wenn sie vorbei ist.

Wir haben oft Alternativen zur Auswahl, wie wir auf Vorkommnisse reagieren können. Wir können wegschauen oder gar weglaufen, wir können wütend reagieren, wir können den Job quittieren und uns zurückziehen oder uns in Arbeit stürzen, wir können uns mit Alkohol oder Drogen berauschen, aber wir können uns auch »dem Gegner stellen«, also dem Problem ganz gezielt und aufrecht entgegentreten. Zuerst einmal gilt es zu prüfen, ob wir uns selbst helfen können. Wenn man ein Problem das erste Mal selbst gelöst hat, dann gibt das Kraft, auch das nächste selbst zu lösen. Die Hirnforschung hat herausgefunden, dass Verhaltensweisen als Reaktion auf bestimmte Situationen als Muster im Gehirn abgespeichert werden. Wenn wir in bestimmten Situationen nicht weglaufen, sondern uns den Problemen stellen, dann wird uns dies mit jedem Mal einfacher fallen. Das ist eines der Geheimnisse der Leute, die scheinbar jedes Problem lösen können oder zumindest auf die Probleme zugehen. *Ihr Gehirn hat immer wieder die Erfahrung gemacht, dass Probleme die Lösungen schon beinhalten.* Wenn uns andere die Arbeit des Problemlösens abnehmen, dann werden wir nie lernen, sie selbst zu lösen. Die Erfahrung zeigt, dass – nach dem Schema »Und täglich grüßt das Murmeltier« – im Leben immer wieder ähnliche Probleme auf uns zukommen, zumindest so lange, bis wir gelernt haben, sie zu bewältigen. Das hat etwas mit selektiver Wahrnehmung zu tun: wir nehmen nur jene Dinge und Aspekte wahr, die für uns bekannt und von Bedeutung sind. Wir können natürlich auf die Hilfe anderer zurückgreifen, aber im Laufe des Lebens sollte diese Hilfe von außen weniger werden. Nur dann bilden wir eine starke Identität und Persönlichkeit aus, die mit allen Problemen auf dieser Welt fertig wird.

Krisenbewältigung als Erfolgserlebnis

Die gesamte Natur zeigt uns in ihrer Schönheit zugleich auch ihre Vergänglichkeit und die Stärke und das Wachstum, welche aus der Krise hervorgehen. Jedes Jahr und jeden Monat werden wir an die Endlichkeit erinnert und daran, die Zeit jeweils so zu sehen und zu nehmen, wie sie ist. Was wäre der Sommer ohne Winter? Wenn es immer gleichbleibend wäre, könnten wir den Sommer mit seinen Vorzügen überhaupt noch zu schätzen wissen? Jedes Jahr im Frühjahr sind die Pflanzen noch größer als im Jahr zuvor. Die Natur expandiert ständig. Von Gärtnern können wir lernen, dass Hecken und Büsche noch stärker werden, wenn wir sie gezielt beschneiden. Das bedeutet, dass nach einer Krise – was quasi dem Stutzen der Äste entspricht – der Busch noch stärker wächst, weil er gegen die Krise ankämpfen musste und aus dieser stärker hervorgegangen ist.

Viele Autoren sind deshalb der Meinung, dass man nur aus negativen Erfahrungen lernen kann, sein Leben selbst zu meistern. Natürlich ist das unbequem und viele Menschen möchten lieber, dass andere ihnen ihre Probleme abnehmen. Aber auf diese Weise werden sie nie erwachsen, nie selbstständig. Selbstständig und erwachsen sein bedeutet, Verantwortung für sich selbst und andere zu übernehmen und seine Aufgaben selbstständig zu erfüllen.

> »Man kann nicht seelisch wachsen, wenn man in einem wunderbaren Blumengarten sitzt und sich von jemandem auf einem Silbertablett das großartigste Essen servieren lässt. Aber man wächst, wenn man krank ist, wenn man Schmerzen hat, wenn man einen schmerzlichen Verlust hinnehmen muss. Man wächst nicht, wenn man seinen Kopf in den Sand steckt, sondern wenn man den Schmerz annimmt und ihn zu begreifen sucht, und zwar nicht als einen Fluch oder als eine Bestrafung, sondern als Geschenk für sich, um damit einen ganz bestimmten Zweck zu erfüllen.«[13]

Erst durch Selbstständigkeit, Unabhängigkeit und mit der Übernahme von Verantwortung reifen wir. Das ist unabhängig vom Alter und kann bei dem einen schon mit 16 Jahren sein, bei dem anderen erst mit 30 oder noch später. Einige Menschen trauern ewig ihrer vergangenen Jugend hinterher und altern zwar optisch zunehmend, werden aber nie wirklich erwachsen. Schicksalsschläge, die wir erleben, sind daher für die meisten Menschen im Nachhinein etwas Positives, weil sie uns jedes Mal helfen, ein Stück reifer und erwachsener zu werden, wenn wir die Zeichen erkennen und uns den Problemen möglichst selbstständig stellen.

Schlechte Zeiten ermöglichen es uns, an uns zu arbeiten, uns zu verändern und uns zu verbessern. Dazu müssen wir aber unseren Anteil an der jeweiligen Situation erkennen. Wenn wir immer anderen die Schuld an Dingen geben, die uns zustoßen, oder wir uns immer als Opfer sehen, müssen wir scheinbar gar nicht an uns arbeiten. Aber wir werden uns nicht weiterentwickeln und niemals selbstständig unsere Probleme lösen können. Alltagsprobleme und Dinge, die schiefgehen, helfen uns zu lernen. Man kann sich an denjenigen orientieren, die scheinbar auf jedes Problem bzw. auf problematische Situationen reagieren können. Sie haben eben die Erfahrung gesammelt, dass sie sich selbst am besten aus der Situation wieder aufrichten können.

Mönche und Nonnen sind wahrscheinlich deshalb so gefestigt, weil sie die Erkenntnisse, die andere Menschen aus Krisen gewinnen, durch ihren beruflichen Rückzug bereits antizipiert haben. Die Zeit, um über die für sie wichtigen Dinge im Leben nachzudenken, welche sich andere Menschen erst nach einer Krise nehmen, ist Bestandteil ihres Alltags. Nun muss aber niemand ins Kloster gehen, um seinen Zielen näher zu kommen. Man kann die Grundgedanken der Stille, des Rückzugs und des In-sich-Gehens aufgreifen, für sich modifizieren und in seinen Alltag einbauen, wenn man das Gefühl hat, auf der Stelle zu treten, und unzufrieden mit seinem Arbeitsleben ist.

Kapitel 9

Faktor: Unsicherheit

Der »Wille zum Wissen«, das Beseitigen von Unsicherheit mit der Aussage »Ich will das jetzt wissen« ist zweifelsohne ein wichtiger Antrieb für unser Handeln. Wahrscheinlich gäbe es keinen technischen Fortschritt, wenn es keine im positiven Sinne neugierigen Zeitgenossen in allen Phasen der menschlichen Geschichte gegeben hätte. Weder Massenmedien noch Ausbildungsstätten oder die moderne Medizin wären ohne das Verlangen einiger Menschen, möglichst viel wissen zu wollen, vorstellbar. Es kommt aber auch hierbei auf die richtige Mischung an. Wenn der Drang zum Wissen so stark wird, dass wir, um Unsicherheiten zu umgehen, uns mit Schein- oder Halbwissen begnügen, kehrt sich der positive Effekt um.

Die Sache wird v. a. dann unbefriedigend, wenn jemand Antworten auf etwas erlangen möchte, was der derzeitige Stand der Wissenschaft entweder noch nicht bieten kann oder es überhaupt keine Antworten gibt. So können wir unserem Lebenspartner noch so viele Fragen stellen, wir können noch so viel nachforschen, wir werden nie im wissenschaftlichen Sinne wissen und beweisen können, dass unser Partner uns liebt. Alles, was er uns als Beweis anbietet, kann theoretisch Berechnung sein. Egal, was man anstellt oder hervorbringt, es könnten immer andere Gründe dahinterstecken und nicht Liebe. Trotzdem ist es unbestritten, dass es Liebe gibt. Auch ohne Beweisführung. Aber wir müssen dem Partner vertrauen, um diese Unsicherheit, die sich aus dieser komplexen Lage ergibt, auszuhalten. Vertrauen ist dabei die Reduktion von Komplexität, wie Niklas Luhmann bereits 1989 geschrieben hat.

Kontroll-Illusion

Vertrauen ist also eine Möglichkeit, die beschriebene Situation stressfrei zu meistern, und für das Beispiel Liebe wahrscheinlich auch das adäquate Mittel. Denn wenn wir nicht mehr versuchen, das Unbeweisbare beweisen zu wollen, stellt sich Zufriedenheit mit der Situation ein. Genauso ergeht es einem im Umgang mit Arbeitssituationen. Wenn man unbedingt wissen will, ob seine Arbeit sinnvoll ist, dann wird eine Antwort schwerfallen, denn eine Beweisbarkeit und damit Sicherheit fällt schwer, wenn *der* Sinn nicht allgemeingültig bekannt ist oder es ihn vielleicht gar nicht gibt.

Was in der Welt passiert oder passieren sollte, ist nicht wirklich planbar. Trotzdem ist es immer wieder überraschend, wie viele Menschen die Dinge einfach auf sich zukommen lassen: »Mal sehen, was passiert.« Im Privatleben ist diese Einstellung vielleicht gar nicht die schlechteste, weil sie auch dazu beiträgt, weniger erfreuliche Ereignisse mit Gelassenheit zu ertragen. Aber im Berufs- oder Wirtschaftsleben? Auch hier sind die Dinge bei Weitem nicht so planbar, wie mancher Manager oder Unternehmer es gern hätte. Sie versuchen Dinge zu steuern oder Informationen zu bekommen, die gar nicht zu erhalten sind. Ihr Standardbeispiel ist das eines Kapitäns, der nie auf die Idee kommen würde, ein Schiff zu steuern, ohne den Kurs regelmäßig zu überprüfen. Für die Navigation eines Schiffes benötigen wir eine genaue Positionsbestimmung und ein Ziel. Und dieses Ziel muss nicht nur bestimmt sein, der Weg dorthin muss ständig überprüft werden: »Befinde ich mich noch auf dem richtigen Weg?« In unserem Alltag genauso wie im Berufsalltag besteht der Wunsch, unsere Ziele zu erreichen. Es wird zwar oft versucht, einen Kurs zu bestimmen, aber selten überprüft, ob man sich dem Ziel auch nähert. Weil die Ziele als solche oft nicht einmal mehr formuliert werden.

Wir können nicht steuern, ohne zu messen. Je genauer das Messergebnis, desto genauer die Steuerung. Im Alltag messen wir oft eher unbewusst oder wir nennen es messen, obwohl es eher ein Abschätzen ist. Beim Autofahren »messen« wir regelmäßig den Abstand zum Fahrbahnrand oder zum Vordermann, um auf der Spur zu bleiben. Beim Kochen messen wir die Temperatur, um diese zu erhöhen oder das Gas für den Herd zurückzudrehen. Wir müssen nicht immer mit den geeigneten Messinstrumenten messen. Beim Kochen reicht es zu wissen: Wenn es blubbert, hat die Suppe eine Temperatur von 100 °C erreicht und man muss den Herd runterschalten, damit das Essen nicht überkocht.

Messgrößen gegen die eigene Unsicherheit

Im privaten Alltag können wir gut mit diesen vagen Informationen leben. Im Berufsalltag trauen wir uns das meist nicht, weil wir unsere Entscheidungen anderen gegenüber rechtfertigen müssen. Also halten wir uns an das, woran alle zu glauben scheinen – an Zahlen. Besonders beliebt sind Durchschnittswerte. Natürlich sind Zahlen wichtig, aber Zahlen und insbesondere Kennzahlen sind so eine Sache, wenn wir keine sauberen Bezugsgrößen und keine Zielwerte haben.

Aber Zielwerte sind gar nicht so einfach zu formulieren. Vor allem sind sie in der Regel quantitativ nicht messbar, und das ist das viel größere Problem. Albert Einstein wird das Zitat zugeschrieben: »Nicht alles, was zählt, kann gezählt werden, und nicht alles, was gezählt werden kann, zählt.«

Doch haben wir überhaupt zuverlässige Messgrößen? Sind Bilanzen und Quartalsergebnisse, Debitoren- und Kreditorenlisten tatsächlich die geeigneten Mittel, um ein Unternehmen zu steuern? Was für Kennzahlen haben wir wirklich, wonach richten sie sich aus? Und als Arbeitnehmer? Wissen wir wirklich, welche Ziele das Unternehmen verfolgt? Decken sie sich mit unseren Zielen? Zahlen können zwar eine Orientierung, aber keine Sicherheit bieten.

Dem ehemaligen Bürgermeister von Hamburg, Hans-Ulrich Klose, wird folgende Aussage zugeschrieben, die sich in einem Gespräch mit einem seiner Staatsräte auf einem Empfang ergeben haben soll, als dieser ihm neue Mittelwerte präsentierte: »Wenn Sie jetzt zwei Bier trinken und ich jetzt zwei Würstchen esse, haben wir jeder im Durchschnitt ein Bier getrunken und ein Würstchen gegessen. Aber mit dem Problem, dass Sie noch Hunger haben und ich noch Durst.«

Unabhängig der Statistikern bekannten Tatsache, dass der Bürgermeister hier das Streuungsmaß ignoriert hat, zeigt dieses Beispiel eines sehr deutlich: Die Orientierung an einen Mittelwert ist eine Reduktion von Komplexität, was vielleicht eine Richtung vorgeben kann, die Realität allein trotzdem nur ungenau abbildet. Sie ersetzt weder eigene Erfahrungswerte noch den Austausch mit anderen über diese Erfahrungswerte. Das Beispiel zeigt auch, dass jemand, der sich bei der Sinnsuche für seine Arbeit am Durchschnitt orientiert, vielleicht weiterhin im übertragenen Sinne Durst hat bzw. nicht satt wird. Man muss die Dinge eben selbst ausprobieren.

Was bei dem einen funktioniert, kann bei dem anderen kontraindiziert sein, also völlig danebengehen. Die Art und Weise, was man misst und was man wie steuern möchte, hängt also stark davon ab, welchen Sinn jemand verfolgt. Wie bei der Sinnsuche muss man genau prüfen, welche Bedürfnisse man befriedigen möchte. Dann kann man die Methode wählen. Damit Unsicherheiten bei sinnvollen Entscheidungen leichter zu ertragen sind, wird oft versucht, die Bedingungen möglichst genau zu messen, um eine Orientierung zu erhalten. Um genau messen und steuern zu können, muss immer wieder überprüft werden, welche Fragestellung überhaupt bearbeitet werden soll und welcher Sinn in die Situation gelegt wird. Das bedeutet: Erst analysieren, dann die Methode auswählen, dann eine Lösung herbeiführen. Erst das führt zu situationsadäquaten Lösungen und vermeidet jene Versuche, die mit dem Problem oder der Fragestellung gar nichts zu tun haben.

Der falsche Sinn?

Um Sinn zu finden, stellen sich viele die Frage, wie beweiskräftig ihre Annahmen sind. Aber eine Beweisführung wäre bei der Frage nach Sinn sehr schwierig. Trotzdem können Dinge, die man nicht beweisen kann, wahr sein, wie im obigen Beispiel mit den Liebenden dargestellt wurde.

Man kann z. B. die Schwerkraft, die niemand als physikalische Größe infrage stellt, weder mit unseren Sinnen wahrnehmen noch direkt messen und letztendlich gar nicht beweisen. Wir schließen aus unseren Beobachtungen, dass Gegenstände mit einer skalierbaren und messbaren Geschwindigkeit zu Boden fallen, auf diese unsichtbare Kraft.

Wie oft hört man von Kranken oder denjenigen, die auf eine Diagnose warten, die Aussage: »Wenn ich bloß das Ergebnis schon hätte; egal in welche Richtung es geht, das ewige Warten zermürbt mich.« Der Wunsch, zu wissen, was auf einen zukommt, scheint größer zu sein als die ungewisse Hoffnung, ein gutes Ergebnis zu erhalten. Letztendlich ist dies wahrscheinlich auch nur eine scheinbare Gewissheit, weil die wenigsten bei schweren Krankheiten wirklich wissen, was auf sie zukommt. Aber es scheint ihnen Hilfe bei der Orientierung zu bieten, denn die Komplexität der Gesamtsituation wird zumindest für den Moment überschaubarer und damit erträglicher.

Dabei gilt es gerade im Arbeitsleben und dort besonders im Management, Unsicherheiten auszuhalten. Der oft verzweifelte Versuch, an Messbarem festzuhalten, basiert auf dem Wunsch, Sicherheiten selbst in Bereichen zu schaffen, in denen es sie gar nicht geben kann.

Scheinbare Beweise

Sinnsuche ist nicht einfach, denn man muss im Prinzip auch an die Richtigkeit dessen, was man mit Sinn erfüllt, glauben. Aber Glaube wird oft nicht funktional interpretiert – als wichtiges Kriterium für die Reduktion von Alltagskomplexität –, sondern oft von religiösen Gruppen besetzt. Dabei ist Glaube natürlich unabhängig von Kirche oder Religion. Immer dann, wenn wir keine genauen Daten haben, müssen wir glauben. Und selbst wenn wir glauben, wir hätten genaue Daten, können wir das oft nicht mit Sicherheit wissen. Die Erkenntnisse der Wissenschaft verändern sich laufend. Und streng genommen sind auch sie kein Wissen, sondern Glaube. Der wissenschaftliche Grundsatz selbst nährt diesen Gedanken vom Glauben durch das allseits anerkannte Falsifikationsprinzip: Eine Theorie ist so lange gültig, bis sie widerlegt ist.

Die Aufgabe der Wissenschaft ist also nicht, die Dinge zu bestätigen, zu verifizieren, sondern zu prüfen, ob bisherige Erkenntnisse widerlegt werden können, also zu falsifizieren. Glauben ist wie Sinnsuche hoch funktional. Nur dies ermöglicht uns – wie immer wieder betont – die Reduktion von Alltagskomplexität. Ohne dem eigenen und dem Handeln anderer Sinn zu geben, wären wir handlungsunfähig, was aber im eigentlichen Sinne nicht geht, da wir ja immer handeln.

Erfahrung heißt Unsicherheiten aushalten

Durch die Wahl von Handlungs- und Verhaltensmustern in bestimmten Situationen entsteht das Risiko, dass ein gewähltes Verhalten nicht situationsadäquat ist. Dass also die gewählte Option anders ausfällt, als man das erwartet hätte. In der Philosophie und Systemtheorie spricht man hier von Kontingenz.

Komplexität und Kontingenz muss man als handelnder Mensch aushalten (können). Das ist sehr schwer, weil die meisten Menschen für gewöhnlich nach Sicherheit und Gewissheit dürsten. Sie haben verschiedene Muster, wie sie mit dieser Unsicherheit umgehen. Einige suchen bei Freunden oder Experten Rat und Hilfe, andere versuchen ihre Unsicherheit hinter Arroganz oder Zynismus zu verbergen, was aber genau durch dieses entlarvende Verhalten nicht gelingt und eher einen Hilferuf nach Unterstützung bei der Suche nach Sicherheit signalisiert.

Ergebnisse von Befragungen, die wir regelmäßig mit der Hamburger Sozialwissenschaftlerin Renate Nötzel durchführen, für die zwanzig Führungskräfte u. a. zu ihrem Entscheidungsverhalten in Berufszusammenhängen befragt wurden, weisen deutlich darauf hin, dass eines der Kennzeichen einer erfahrenen Führungskraft die Fähigkeit ist, Komplexität und Unsicherheit aushalten zu können. Das ist umso schwieriger, je weniger Erklärungen und Sinn man für diese Komplexität zunächst findet und je weniger Erfahrungsmuster einem zur Verfügung stehen. Messbare Faktoren wie Umsatz oder Gewinn können hier kurzfristig das Kontingenzrisiko erträglich machen, weil sie leicht zu verstehen und leicht zu überprüfen sind. Langfristig hilft aber nur die Orientierung an echten Zielen, um in der unüberschaubaren Arbeitswelt zu bestehen, wie das Beispiel des Bäckers zeigte.

Mehr Umsatz ≠ mehr Sinn

Befragt man ältere Menschen nach den Dingen, die ihnen im Leben wichtig waren, gibt die überwiegende Zahl rückblickend an, dass es nicht der Umsatz in ihrem Leben oder die Entwicklung ihres Aktienkontos waren. »Mehr Umsatz = mehr Sinn« gilt wahrscheinlich für die wenigsten in der Lebensbilanz als ultimative Formel. Ein hinter dem finanziellen Aspekt stehendes Ziel, z. B. die Versorgung der zurückbleibenden Familie, kann wiederum auf dem Sterbebett echten Trost spenden. Natürlich ist die Sicherung von individuell verschiedenen Grundbedürfnissen immer Voraussetzung für eine Zufriedenheit, aber die Frage ist hier, mit welchem Ziel und Bewusstsein jemand seine Mittel einsetzt.

Die Menschen streben nach Gewissheit, weil Unsicherheit schwer zu ertragen ist. Da das Leben an sich bereits unberechenbar ist, wünschen sich viele zumindest im Berufsleben Gewissheit. In Deutschland arbeiten ca. 5 Millionen Menschen im öffentlichen Dienst, in Österreich sind es etwas mehr als 600 000. Bei ihnen scheint das Bedürfnis nach Sicherheit und Berechenbarkeit größer zu sein als eine Tätigkeit, die sie womöglich stärker befriedigen würde – aber Unsicherheiten mit sich brächte. Es gibt viele sinnvolle und befriedigende Tätigkeiten im öffentlichen Dienst, aber die Zufriedenheit ist insgesamt nicht höher als bei anderen arbeitenden Berufsgruppen. Sicherheit korreliert nicht mit Zufriedenheit, eine sinnvolle Tätigkeit allerdings schon.

Menschen scheuen nicht grundsätzlich das berufliche Risiko, sondern in erster Linie Entscheidungen, die entweder direkte sichtbare Konsequenzen mit hoher persönlicher Verantwortung bedeuten oder die eigene Identität infrage stellen können. In Situationen, die zwar ein statistisch hohes Risiko darstellen, aber in der Vergangenheit gut verlaufen sind, schleicht sich gewöhnlich der Trugschluss ein, sie seien ungefährlich.

Das erklärt, warum einige Menschen unbesorgt in das statistisch gesehen viel gefährlichere Verkehrsmittel Auto einsteigen, aber Angst vor dem viel sichereren Fliegen haben. Die Angst ist gerade darin begründet, dass sich die Passagiere dem Piloten ausgeliefert fühlen und den Flug nicht selbst kontrollieren können. Dass aber an einem Wochenende im Straßenverkehr weltweit mehr Menschen sterben, als bei einem Flugzeugabsturz ums Leben kommen, blenden viele aus.

Ungewissheit und Unsicherheit ist für einige Menschen so schwer zu ertragen, dass sie eher eine Hiobsbotschaft in Kauf nehmen, als im Ungewissen zu bleiben. Im Fall des entführten vierjährigen Mädchens Maddie äußerte sich die Familie gegenüber der Presse: »Für die Familie sei es besser, wenn das Kind tot gefunden würde, als in dem ›schrecklichen Zustand der Ungewissheit‹ zu leben, was aus dem Mädchen wohl geworden sei.«[14] Was für die Familie gut ist, muss für das Mädchen nicht gut sein.

Ein Beispiel an Babys nehmen

Kleine Kinder können noch sehr gut mit Unsicherheiten umgehen, hier können sie uns ein Vorbild sein. Würden sie auf Sicherheiten beharren, könnten sie z. B. keine Sprache lernen. Wie wüssten sie sonst, was abstrakte Begriffe sind? Als Erwachsene wissen wir selbst bei konkreten Begriffen nicht, ob der andere beim Stichwort »Auto« das Gleiche meint wie wir. Ein Auto kann ein roter Sportwagen, ein blauer Lastwagen oder ein Oldtimer sein. Und wenn wir den Begriff auch näher definieren, wissen wir nicht, ob der andere das Lebensgefühl, das wir damit verbinden, auch teilt. Die Unsicherheit bleibt. Kinder können diese Unsicherheit noch sehr gut aushalten, weil sie am Anfang nicht nach einem einheitlichen und für alle Menschen gültigen Sinn in den Worten suchen. Erst mit größerer Erfahrung und Reife erkennen sie, dass Missverständnisse dadurch zustande kommen, weil Menschen den Wörtern unterschiedlichen Sinn geben. Aber genauso, wie der individuelle Sinn bei Kindern die Grundlage zum Handeln bietet, funktioniert es auch bei Erwachsenen. Doch wir haben aufgrund unserer Erfahrungen, durch Fettnäpfchen u. Ä. geglaubt zu lernen, dass es so etwas wie einen einheitlichen Sinn gibt. Und Abweichung ist für eine Gemeinschaft schwer zu ertragen. Deshalb werden Abweichungen auch in allen Gruppen, ob bei Fußballfans, Parteiversammlungen oder bei ganzen Völkern, negativ sanktioniert.

Kinder müssen sehr schnell Sinn in ihre Handlungen und in ihre Sprache legen, um überhaupt handlungsfähig zu sein. Sie nehmen unreflektiert den Sinn ihrer Vorbilder, meist der Eltern oder Geschwister, auf. Dabei ist es zunächst unerheblich, ob die Erklärungsmuster auch mit anderen Menschen außerhalb der Familie übereinstimmen. Je älter die Kinder werden, desto stärker wird für Erklärungen auch auf Sinnmuster anderer Personen zurückgegriffen wie jene von Lehrern oder insbesondere von Mitgliedern ihrer Peergroup, also den gleichaltrigen Personen oder Cliquen. Sie schaffen sich neue Sinnmuster, welche die Muster der Kindheit ablösen. Mit den neuen sinnhaften Erklärungen der Welt erhalten sie quasi eine neue Identität, die von der ihrer Kindheit stark abgegrenzt werden muss. Oft weichen diese Muster aber nicht nur von den Sinnmodellen ihrer Kindheit ab, sondern auch von den Vorstellungen der erwachsenen Mitglieder unserer Gesellschaft, weshalb es häufig zu Konflikten kommt. Pubertierende stellen zeitweilig kaum noch ihr eigenes Erklärungsmuster infrage. Erst mit dem Heranwachsen zum Ende der Pubertät werden die eigenen neuen Muster langsam wieder kritisch betrachtet. Es gibt aber auch Menschen, die ihre Muster erst durch eine Krise oder in der Mitte oder am Ende ihres Lebens ernsthaft infrage stellen, wenn die bisherigen Erklärungen ihnen keine befriedigenden Antworten auf Fragen, die aus der Krise entstanden sind, bieten.

Kinder und Jugendliche können mit Komplexität und Kontingenz auch deshalb so gut umgehen, weil sie noch eine relativ hohe Frustrationstoleranz haben. Wer sehen will, was Frustrationstoleranz bedeutet, der sollte einmal beobachten, wie Jugendliche bestimmte Figuren am Skateboard üben oder wie Babys laufen lernen. Jugendliche und Babys sind echte Stehaufmännchen. Immer wieder stehen sie auf und probieren den nächsten Schritt, wochen- oder monatelang. Und irgendwann können sie laufen oder beherrschen ihre Figur am Skateboard. Diese Geduld bringen Erwachsene oft nicht mehr auf, obwohl sie dem Baby gegenüber deutlich im Vorteil wären: Sie können das Ergebnis ihres Handelns wahrscheinlich deutlich besser antizipieren als das Baby. Die Jugendlichen am Skateboard wollen ein Ziel erreichen. Sie wollen eine bestimmte Figur beherrschen, einfach so, vielleicht weil sie es cool finden. Sie müssen das nicht einmal einer großen Gruppe vorführen. Es scheint wie purer Selbstzweck. *Aber – und darauf kommt es für die eigene Befriedigung an – es ist ein selbstbestimmter Zweck, der damit verfolgt wird.* Niemand anders hat ihnen befohlen, es zu üben.

Selbst bestimmen zu können, was man tut, erzeugt langfristig Zufriedenheit. Fremdbestimmtheit erzeugt langfristig Stress. Der renommierte Ulmer Arzt, Psychologe und Hirnforscher Manfred Spitzer erwähnte in einem Vortrag, den er im April 2008 in einer Schule im norddeutschen Kaltenkirchen gehalten hat, einen Versuch aus der Hirnforschung, in dem zwei Ratten in zwei verschiedenen Käfigen gehalten werden. Eine Ratte hat einen Knopf, mit dem sie Stromschläge scheinbar verhindern kann, wenn sie ihn rechtzeitig betätigt. Die andere Ratte hat keinen Knopf und damit keine Einflussmöglichkeit. Die Stresssymptome sind bei der Ratte, die keine Kontrollmöglichkeit hat, deutlich stärker ausgeprägt als bei der Ratte, die glaubt, einen Einfluss darauf zu haben.

Das subjektiv wahrgenommene Fehlen von Einfluss ist der Grund, warum die Arbeit in einigen Unternehmen zu einer hohen Anspannung und Belastung führt. Mitarbeiter in Callcentern haben oft wenig Einfluss darauf, wann jemand anruft, und sie selbst können auch oft keine befriedigenden, sondern nur vorgegebene Lösungen anbieten. Sie können selbst nur auf die Kunden reagieren, ohne die vorgegebenen und vom Unternehmen »optimal definierten« Abläufe beeinflussen zu können. Die individuellen Entfaltungsmöglichkeiten bleiben unerfüllt.

Zwischenbilanz:

Erfolgsorientierung und Sinnorientierung müssen in Balance sein. Zufriedenheit wird nur erlangt, wenn regelmäßig überprüft wird, ob der fremdbestimmte Sinn, den jemand wahrnimmt und erlebt, sich mit seinem selbstbestimmten Sinn deckt.
Es gilt regelmäßig zu überprüfen: Verfolgt man den eigenen Willen oder den Willen der anderen? Optimal für Arbeitnehmer und Unternehmen ist es, wenn sich beides genau deckt.

Zweifel hemmen die Entwicklung

Die Umsetzung von sinnhaften Lebenskonzepten wird immer wieder Fragen aufwerfen, deren Antworten wir nicht kennen. Selbst Antworten werfen immer neue Fragen auf, und es werden immer wieder Zweifel entstehen, ob die Antworten auch auf die Fragestellungen passen. Doch Zweifel dürfen das Handeln nicht ersetzen. Diese Ungewissheit auszuhalten und zu ertragen, erfordert Mut, um uns nicht von ihr lähmen zu lassen. Man braucht Mut zum Handeln, ohne Beweise für die Richtigkeit seines Tuns zu erhalten. Denn vieles, was als Beweis gilt, ist eigentlich kein Beweis, sondern eine Übereinkunft, es als Beweis anzuerkennen. Wir können Unsicherheiten nur aushalten, wenn wir den Ereignissen Sinn zuschreiben. Doch erfolgreiches Handeln wird ohne Zweifel nicht funktionieren, weil dieser dazu beiträgt, die Dinge noch einmal zu überprüfen. Wir müssen zweifeln und den Mut haben, trotzdem zu handeln. Und da Mut in einer Gemeinschaft besser zu ertragen ist als allein, böten Unternehmen eine nahezu optimale Plattform zum Austausch über Fragen zum richtigen Weg zu sinnvoller Beschäftigung.

Es geht bei diesem Mut um das Aushalten von Wahrscheinlichkeiten, aber Wahrscheinlichkeiten dürfen nicht mit Zufall verwechselt werden. Wahrscheinlichkeiten kann man berechnen. Den Zufall nicht. Man kann berechnen, wie wahrscheinlich das Eintreten eines Ereignisses ist, aber nicht wann, wie oft oder gar wie oft hintereinander. Die Wahrscheinlichkeit, sechs Richtige im Lotto zu haben, liegt bei ca. 1:13 Millionen. Aber der Zufall kann diese Wahrscheinlichkeit schon am nächsten Samstag eintreten lassen. Und den Samstag darauf noch einmal. Theoretisch.

Zwischenbilanz:

Zweifel ist Sinnsuche. Jemand, der nicht mehr an seiner Tätigkeit und der Art ihrer Ausführung zweifelt, kann sich nicht verändern und deshalb auch nicht verbessern. Warum sollte er das auch, wenn kein Zweifel an seinem Tun besteht?

Sinnsuche lässt sich nicht delegieren

Wenn es, wie mehrfach dargestellt, einen allgemeingültigen Sinn gar nicht gibt und eine Theorie im wissenschaftlichen Sinne nur so lange gültig ist, bis sie widerlegt ist, dann stellt sich die Frage, wer eigentlich das Recht hat, den Sinn des einen im Vergleich mit dem eines anderen zu bewerten. Warum sollte mein Sinn besser oder schlechter sein als der eines Kollegen, Partners oder Freundes? Warum versuchen einige trotzdem, ihren Sinn, den sie für den einzig richtigen halten, anderen aufzuzwingen? Die Antwort ist einfach: Um ihre eigene Unsicherheit auszuhalten. Weil sie zweifeln, ob ihr Sinn wirklich der für sie richtige ist.

Wenn man andere von seinem Sinn überzeugt, dann verleiht das das Gefühl, der eigene Sinn sei der richtige, es sei quasi *der* Sinn. Es ist wie das Beispiel von Pärchen, die man beim Restaurant-Besuch beobachtet: »Und was isst du?« Es ist einerseits ein Zeichen von Verbundenheit, wenn man das Gleiche wie der Partner gut findet. Aber es geht hier nicht allein um die Verbundenheit dem Partner gegenüber, sondern auch um die Beseitigung der eigenen Unsicherheit. Wenn der andere die gleiche Pizza bestellt, dann kann ich auch nicht so falsch liegen.

Im übertragenen Sinne verhalten wir uns in vielen Lebensbereichen wie das Liebespärchen beim Essengehen. Wir halten oft das für richtig, was andere für richtig halten. Das ist ein Grund, warum Bestsellerlisten auf so viel Interesse stoßen. Sie sind nicht nur ein Marketinggag, sondern auch eine Orientierung für uns: »Viele andere lesen das auch.« Also wird es mir wahrscheinlich auch gefallen. Es ist die Orientierung an der Masse, welche uns beruhigt zu einem Buch oder einer CD greifen lässt und uns das Gefühl gibt, richtigzuliegen. Auch Normen wie DIN-Normen oder ISO-Zertifizierungen basieren nicht nur auf dem Wunsch, Qualität zu schaffen, sondern v. a. um Orientierung zu geben, damit nicht immer wieder neue Entscheidungen getroffen werden müssen, sondern auf Bewährtes zurückgegriffen werden kann.

Wenn man jemanden in einer Sitzung mit großer Vehemenz zu überzeugen versucht, dann gelingt dies nur mit Fakten. Doch Fakten, die auf eine zukünftige Entwicklung verweisen, können nie einen letzten Schluss zulassen, weil immer Ereignisse eintreten können, die

die bisherigen Berechnungen infrage stellen. Und wie oft das passiert, kann man selbst in einem naturwissenschaftlichen Bereich wie der Meteorologie beinahe täglich feststellen: Wetterprognosen stimmen oft nicht mit der Realität überein.

Wirtschaftsdaten, die über menschliches Verhalten Auskunft geben, sind noch komplexer, weil sie auf qualitativen Werten basieren. Das ist ein Grund dafür, warum in den Wirtschaftswissenschaften so gerne auf Modelle, die unter konstanten Bedingungen entstehen, zurückgegriffen wird. Wenn ein Unternehmen eine Umsatzprognose für das Folgejahr vorstellt, berücksichtigt es nicht die Möglichkeit, dass die direkte Konkurrenz ein gutes oder besseres Produkt auf den Markt bringen könnte; oder dass sich das Käuferverhalten aufgrund einer Wirtschaftskrise verändert, weil Konsumenten sparen müssen.

Gescheiterte Projekte sind zu einem großen Teil auf die Vernachlässigung solcher Faktoren zurückzuführen. Für die IT-Branche, deren Einfluss heute in nahezu jeden anderen Sektor reicht, gehen Schätzungen dahin, dass weit über zwei Drittel aller Projekte durch die Fehleinschätzung »weicher Faktoren« (alle nichtmessbaren Faktoren wie Kunden- oder Mitarbeiterzufriedenheit, Käuferinteresse, Soft Skills, Teamzusammensetzungen) entweder verzögert, teurer als erwartet oder sogar abgebrochen werden. Bestes Beispiel dafür ist die Versteigerung der UMTS-Lizenzen im Mobilfunk. Da Analyse-Institute und Marktforscher einen großen Hype um das Handy der Zukunft prognostiziert hatten, mussten die deutschen Netzbetreiber bei den Versteigerungen im Jahr 2000 sage und schreibe 50,8 Milliarden Euro für UMTS-Frequenzen hinblättern. Eine Summe, die, wie sich heute herausstellt, viel zu hoch war.

Überzeugungstäter

Das permanente Bemühen, andere von seiner Meinung zu überzeugen, beruht hauptsächlich auf der beschriebenen Unerträglichkeit von Unsicherheit. Der Gipfel dieser Unsicherheit sind sicherlich Glaubenskriege, die heutzutage wieder an Brisanz gewonnen haben. Dieses Streben, das eigene Wissen als absolute Wahrheit anzusehen, legen viele Menschen dann so aus, dass sie für ihre Überzeugung andere Menschen töten. Gerade Selbstmordattentäter meinen sicher zu wissen, wie ihr Leben nach dem Freitod aussieht. Deshalb reißen sie möglichst viele unschuldige Menschen mit in den Tod. Um andere von ihrer Meinung zu überzeugen, wählen sie also das Mittel des Mordes. Wenn andere dem eigenen Glauben unterworfen werden und ihn annehmen, kann man ja so falsch nicht liegen. Das beruhigt die eigene Unsicherheit. Wenn alle der gleichen Meinung sind, dann lässt sich das Leid der eigenen Unsicherheit besser ertragen, weil geteiltes Leid bekanntermaßen halbes Leid ist.

Die Berliner Mauer ist die symbolisierte Krönung der Unsicherheit von Menschen, die andere eigentlich überzeugen wollten. Die ehemalige DDR hat ihre Bürger nicht nur eingesperrt und festgehalten, sondern tatsächlich versucht, ihnen klarzumachen, dass es zu deren Vorteil wäre. Staatliche Überzeugungsarbeit durch Zwang sozusagen. Wenn es nicht viele Jahrzehnte traurige Realität gewesen wäre und nicht einen so ernsten Hintergrund hätte, könnte man fast annehmen, dass dies die Fortschreibung der Geschichte von »Des Kaisers neue Kleider« wäre. Die Menschen wurden in dem System der DDR festgehalten, um das zu sehen und zu glauben, was die Regierung ihnen vorgab. Es zeigte aber gleichzeitig die Unsicherheit des Regimes bezogen auf seine eigenen Glaubensgrundsätze. Das System hat sich selbst nicht vertraut.

Die Patentrezept-Falle

Es wird zu oft nach Lösungen gesucht, die für alle Menschen Gültigkeit haben. Verallgemeinerungen basieren aber oft auf Umkehrschlüssen. Wenn darüber diskutiert wird, ob z. B. Computerspiele verboten werden sollen, wird nicht berücksichtigt, ob sie für alle Menschen schädlich sind. Ob Verbot oder uneingeschränkte Erlaubnis – man kann es nicht allen Menschen recht machen. »Jedem recht getan, ist eine Kunst, die niemand kann«, lautet ein Sprichwort.

Da man nicht nicht handeln kann, können manche Erfahrungen erst durch Probieren gesammelt werden. Wie wichtig Erfahrungen insbesondere bei lebenswichtigen Entscheidungen sind, hat der amerikanische Psychologe Garry Klein in seinem Buch »Intuition At Work« untersucht. Durch seine Untersuchungen konnte er belegen, dass erst die langjährige Erfahrung, viele Fehler eingeschlossen, den entscheidungsstarken Menschen ausmacht, weil er aufgrund dieses Wissens in der Lage ist, Muster zu erkennen und daraus bedrohliche Abweichungen in gewohnten Situationen abzuleiten und zu bewerten.

Sucht jemand nach Patentrezepten, wie etwa der Top-Diät ohne zu hungern, einem garantierten »Schluss mit Rauchen«- oder »Reich-werden-in-zehn-Wochen«-Programm oder der ultimativen Management-Methode, kann dies ein Signal dafür sein, dass er mit dem Rauchen, seiner Figur oder seinem Unternehmen überfordert ist. Eine Patentlösung für alle Situationen parat zu haben, bedeutet stets auch Kreativitätsverlust, Stillstand und Entwicklungsverzögerung. Zufriedenheit entsteht gerade dann, wenn Lösungen erarbeitet werden, die nicht alltäglich sind.

Wenn man bei der Suche nach Antworten keine Patentlösung erhält, ist dies für viele oft unbefriedigend. Aber es gibt eben auf bestimmte Fragen keine allgemeingültigen Antworten, die für alle Menschen gelten. Genau dies macht ja den Unterschied aus. Und Zufriedenheit wird nicht durch *eine* Antwort entstehen, sondern durch die *vielen verschiedenen* Antworten. Es ist dabei wichtig, zu akzeptieren, dass jemand, der seine Antwort auf die Frage nach *seiner* sinnvollen Tätigkeit gefunden hat, nicht auch automatisch *meine* Antwort gefunden hat. Komplexität steigt eben bei zunehmendem Wissen und führt zu erneuter Unsicherheit. Das wird immer wieder vergessen, wenn Methoden auf den Markt geworfen werden, die in der einen Firma bei einer bestimmten Mitarbeiterstruktur geholfen haben und nun 1:1 auf ein anderes Unternehmen übertragen werden sollen.

> »Als Nächstes willst du ein Zaubermittel, das alles, was dich stört, ohne jede eigene Anstrengung entfernt: Du schluckst einfach das, was dir verabreicht wird. Je bitterer die Medizin, desto besser die Wirkung. Das ist die Parole der Menschen im Westen. Du möchtest Ergebnisse – ein Zaubertrunk, und du bist geheilt.«[15]

Wird nur eine Patentlösung eingesetzt, entsteht nicht nur Routine und scheinbare Sicherheit, sondern auch Langeweile, Unterforderung und Desinteresse. Man muss deshalb lernen, mit Komplexität besser umzugehen. Zuwachs an Erfahrung bedeutet somit paradoxerweise auch wachsende Unsicherheit, denn je tiefer man in ein Themengebiet eindringt, desto deutlicher werden das eigene Unwissen und die eigenen Wissenslücken sichtbar. Gleichzeitig wird einem mit der Erfahrung erst die Komplexität des Themas bewusst. Es ist also auch ein Zeichen von Expertentum, sein Wissen als relativ zu erkennen. »Ich weiß, dass ich nichts weiß«, sagte der griechische Philosoph Sokrates über die Entwicklung der eigenen Erkenntnis.

Keine Patentrezepte zu erhalten, ist nur ein scheinbares Problem. Denn es gibt in den meisten Lebenssituationen keine normierten Lösungen, weil wir als Menschen eben auch nicht genormt sind. »Patentierte« Lösungen wären vielleicht für Anregungen gut, dürften aber eben auch nur als Anregung genommen werden. Denn wenn eine Technik das Nonplusultra für den einen ist, kann sie für den anderen genau die falsche sein. Wenn für Entspannung ein Rückzug und ein In-sich-Gehen für manche einmal am Tag genau das Richtige ist, dann finden es andere vielleicht nur einmal im Monat oder einmal im Jahr als wohltuend. Andere wiederum sind immer »richtig gestimmt«, weil sie permanent abgleichen, ob ihre Arbeit ihren Bedürfnissen entspricht und sie daraus den nötigen Wechsel zwischen Spannung und Entspannung suchen und finden.

Zwischenbilanz:

Der weitverbreitete Wunsch nach Patentrezepten ist nichts anderes als der Hinweis, dass die Alltagskomplexität schwer zu ertragen ist. Aber wenige Dinge funktionieren immer und in jeder Situation. Sich situationsadäquat entscheiden und verhalten können, ist ein Zeichen von Weiterentwicklung und Reife. Das erfordert aber auch die Bereitschaft, sich der täglichen Komplexität tatsächlich zu stellen und entsprechend auch das Risiko in Kauf zu nehmen, manchmal die falsche Entscheidung zu treffen.

Macht die Zukunft Sinn?

Eine besondere Ausprägung von Unsicherheit ist der Wunsch, zukünftige Geschehnisse vorhergesagt zu bekommen. Je folgenschwerer Entscheidungen sind, desto stärker wird der Wunsch nach einer verlässlichen Prognose. Davon lebt eine ganze Industrie. Neben Statistikern oder Meteorologen, die auf der einen Seite versuchen, mit wissenschaftlichen Methoden die Zukunft zu berechnen, versuchen es auf der anderen Seite auch Wahrsager, Kartenleger, Astrologen und selbsternannte Seher.

Aber Vorhersagen sind nicht beweisbar:

»Das erste Argument gegen die Vorhersagbarkeit menschlichen Tuns ist sehr einfach. Stellen wir uns einmal vor, es gäbe einen Hellseher, der das Verhalten seiner Zeitgenossen absolut sicher vorausbestimmen könnte. Er prophezeit, dass ich heute Abend ins Kino gehen werde. Nehmen wir weiter an, ich sei ein rebellischer Geist; es macht mir Spaß, immer das Gegenteil von dem zu tun, was man von mir erwartet. Sobald ich also von der Voraussage des Hellsehers erfahre, greife ich zum Telefon, sage meine Kinoverabredung ab und bleibe an diesem Abend zu Hause. Der Wahrsager hat sich geirrt. (...) Und sollte er meinen Trotz vorhergesagt haben, beginnt das Spiel von vorne.«[16]

Obwohl die Erfahrung zeigt, dass Wettervorhersagen nicht immer das halten, was sie voraussagen, sind sie auf TV- und Radiosendern und Tageszeiten zahllos verbreitet und werden von den Zuschauern, Hörern und Lesern gerne angenommen. Sie verringern die Komplexität zumindest für den Moment der Vorhersage und geben uns in ihrer Unbestimmtheit doch eine gewisse Richtung vor, wie man sich am nächsten Tag zu verhalten hat.

Interessant wird es dann, wenn von einem heißen Frühjahr und Sommer auf eine Klimaveränderung geschlossen wird. So hat die Unternehmensberatung McKinsey laut einer »Spiegel«-Meldung vom 26. März 2007 sich nicht gescheut, die Kosten für diesen Wandel wenige Tage nachdem die EU die Öko-Ziele beschlossen hatte, zu »berechnen«: Mindestens 800 Milliarden Euro wären demnach bis zum Jahr 2050 allein für Deutschland notwendig. Das schafft eine vermeintliche Sicherheit, die eine Planung selbst für das Unplanbare zu ermöglichen vorgibt. Man assoziiert sofort: Auf diese Berater kann man sicherlich auch dann zurückgreifen, wenn andere unplanbare Dinge in Angriff genommen werden müssen. Das interessante ist, McKinsey wird mit dieser »Berechnung« auf jeden Fall richtigliegen. Aus mindestens drei Gründen:

a) Wer wird sich 2050 noch an diese Zahlen erinnern?
b) Wenn die Zahlen 2050 nicht dem 2007 errechneten Ergebnis entsprechen, sondern darunter liegen, dann hat Deutschland auf McKinseys Berechnungen gehört und entsprechend gehandelt.
c) Wenn die Zahlen darüber liegen, dann hat Deutschland nicht auf McKinsey gehört.

Diese Vorgehensweise hat bereits 2001 der Statistikprofessor Walter Krämer zusammen mit Gerald Mackenthun in dem Buch »Die Panik-Macher« kritisiert.[17]

Derjenige, der warnt, hat immer recht. Mit dem Ergebnis der McKinsey-Studie kann faktisch niemand etwas anfangen. Man erfährt durch die Studie, dass es teuer ist, dem Klimawandel entgegenzuwirken. Aber hätte man das nicht auch ohne Bezifferung gewusst? Aber dann wäre ein Unsicherheitsfaktor übrig geblieben. So »weiß« man es genau. Experten haben es ja berechnet. Man kann die Verantwortung an sie abgeben und die vermeintliche Unsicherheit ist beseitigt. Sich der Tatsache zu stellen, dass man nichts Genaues weiß, dass die Erkenntnisse derzeit ungewisse Ergebnisse produzieren, ist für viele anscheinend schwer auszuhalten. So schwer, dass man eher mit Fantasiezahlen arbeitet als ohne Zahlenbasis. Der Mensch braucht anscheinend Orientierung. Und vor diesem Bedürfnis sind, das verdeutlicht die Veröffentlichung dieser »Studie«, weder Politiker verschont noch Manager. So gaben drei Viertel der befragten Manager, die mit den Ergebnissen der McKinsey-Studie konfrontiert wurden, an, die Unternehmen könnten einen verschärften Klimaschutz ohne Nachteile verkraften.[18]

Vorhersagen sind manchmal wie der verzweifelte Versuch, die eigene Hilflosigkeit in einer für den Einzelnen undurchschaubaren Situation mithilfe von Daten in ein Bewertungsschema zu pressen, um in der zukünftigen Entwicklung einen Sinn zu erkennen, der einem selbst bisher verschlossen war. In der Analogie ist es genau das, was die katholische Kirche bis zum Auftreten von Martin Luther versuchte; nämlich Ablassbriefe zu verkaufen, welche die Entlastung der eigenen Verantwortung boten. Je höher die Sünde, desto höher der Preis für den Ablassbrief. Je größer der Ablass, desto größer auch die Beruhigung des eigenen Gewissens. Heute werden analog Berater oder Prognostiker für unsere Sinnfragen hinzugezogen: zur Beruhigung unserer Unsicherheit, aber auch zur Beruhigung unseres Gewissens, wir hätten alles Menschenmögliche zur Reduktion der Komplexität getan. Je teurer und renommierter der Berater ist, desto mehr Verantwortung kann man ihm als Manager übergeben, für die man nicht selber die Konsequenzen zu tragen hat. Dabei übernehmen diese Berater explizit gar nicht die Verantwortung für ihre Beratung. In den Verträgen ist die Haftung für die Folgen ihrer Beratung nahezu komplett ausgeschlossen. So funktioniert der heutige Umgang mit Kontingenz und Reduktion von Komplexität. Der Kaiser hat inzwischen anscheinend viele neue Kleider und v. a. viele neue Schneider.

Wenn jetzt jemand den Schluss ziehen sollte, Warnungen oder Berater seien überflüssig, weil der Warnende nach diesen Ausführungen mit seiner Prognose immer recht hat, unterläge er einem Umkehrschluss. Warnungen können sehr wohl Leben retten oder vor einem finanziellen oder emotionalen Desaster bewahren. Aber man muss genau nachfragen, auf welcher Grundlage die Warnung basiert und wie seriös die Informationen erhoben wurden, sonst kann sie schnell zu einer leeren Hülle verkommen, die nur dem Berater dient. Wer weiß, wie schwer es ist, eine genaue Wettervorhersage für die nächste Woche zu bekommen, kann sich die Aussagekraft einer Langfristprognose mit gleichzeitiger Kostenrechnung bis ins Jahr 2050 gut vorstellen.

Kapitel 10

Faktor: Verantwortung

Warum setzen wir Erkenntnisse, die wir im Leben gewinnen oder die andere uns lehren, oft nicht um? Wahrscheinlich deshalb nicht, weil wir sonst für die Umsetzung verantwortlich wären. Wenn wir für etwas verantwortlich sind, dann eben auch für alle Konsequenzen, die sich daraus ergeben. In verschiedenen von den Autoren durchgeführten Befragungen, unter mehreren tausend Mitarbeitern in verschiedenen Unternehmen wünschten sich über 50 Prozent der Befragten mehr Verantwortung bei ihrer Tätigkeit. Überprüfte man jedoch die Variable »Verantwortung« mit jenen zum Wunsch nach Anerkennung der eigenen Leistung, so stellte sich heraus, dass für bis zu drei Viertel der Befragten die Anerkennung, die sie aus der verantwortlicheren Tätigkeit erhofften, die Basis für ihren Wunsch war. Betrachtet man die Ergebnisse des oben erwähnten Motivationsforschers Steven Reiss, dann ist plausibel, dass die Befragten Anerkennung über den für sie eher belastenden Weg der Verantwortung suchen.

Was kann man als Arbeitnehmer mit dieser Erkenntnis anfangen? Man kann sich, wenn man den Wunsch nach mehr Verantwortung äußert, dahingehend ausführlich prüfen, ob man sich tatsächlich mehr Verantwortung oder vielleicht doch eher mehr Anerkennung wünscht. Denn Verantwortung kann eine Last sein, an der diejenigen, die eigentlich nur mehr Anerkennung erhoffen, eher scheitern als andere.

Anerkennung, nicht nur Lob

Laut einer am 4. Januar 2008 veröffentlichten Studie auf der Wirtschaftsplattform www.cio.de beklagten sich 30 Prozent der Deutschen, dass ihre Arbeit nicht anerkannt wird. Die erhoffte Bestätigung, dass die Dinge, die jemand verrichtet, sinnvoll sind, blieb für sie also aus.

Mitarbeiter wollen zwar Anerkennung, aber diese darf auf keinen Fall mit bloßem Lob verwechselt werden, was häufig der Fall ist. »Haben Sie Ihren Mitarbeiter heute schon gelobt?« war eine der Kampagnen, die auf diesem Missverständnis beruhte. Lob ist immer hierarchisch. Der Lobende erhebt sich über denjenigen, den er lobt. Denn nur er kann schließlich beurteilen, ob die Tat Lob oder Tadel verdient. Anerkennung ist die Bestätigung sinnvollen Handelns. Lob ist der Hinweis, dass derjenige, der gelobt wird, den Sinn der Situation noch nicht erkannt hat. Das weiß auch der Mitarbeiter – zumindest unbewusst. Meistens ist es ihnen bewusst, da aber Anerkennung oft viel zu selten kommuniziert wird, freut man sich auch über ein Lob, weil man auch dadurch das Gefühl bekommt, zumindest wahrgenommen zu werden.

Wenn der Vorgesetzte dem Mitarbeiter dagegen berichtet, wie zufrieden der Kunde war, zollt der Vorgesetzte dem Mitarbeiter Anerkennung und v. a. Wertschätzung für die Leistung, die er erbracht hat. Der Vorgesetzte ist nur der Überbringer der Botschaft. Diese Anerkennung kann der Mitarbeiter sich selbst und seiner Leistung zuschreiben. Bei einem einfachen Lob kann er dies nicht. Wenn jemand die im Haushalt lebenden Jugendlichen immer dafür lobt oder belohnt, dass sie die Geschirrspülmaschine ausräumen, dann machen sie es irgendwann nur des Lobes oder der Belohnung wegen. Besser wäre es, sie wüssten, wie wichtig diese Aufgabe für die Gemeinschaft ist, und machen es freiwillig. Das Basismotiv, der Gemeinschaft damit zu dienen und eine Aufgabe wahrzunehmen, die man gut bewältigen kann, stellt über das Lob hinaus die eigene Leistung in den Gesamtzusammenhang und schafft dadurch Sinn: Ich mache dies und jenes nicht, weil ich gelobt werde, sondern weil es einen tieferen Sinn verfolgt, indem ich der Gemeinschaft damit diene.

Bewusstsein für Verantwortung entwickeln

Kann man das Bewusstsein dafür schärfen, dass Menschen für die Umsetzung ihrer Bedürfnisse Verantwortung übernehmen müssen, und zeigen, dass die Qualen der Verantwortung tatsächlich erträglich sind? Verantwortung schafft Persönlichkeit und Identität. Verantwortung schafft unter Umständen auch die gewünschte Anerkennung. Aber wie kann die vermeintliche Last von ihnen genommen werden? Indem sie den Sinn zur Reduktion von Komplexität in ihren Taten erkennen oder erarbeiten. Wenn sie ihren Lebensweg antizipiert haben und wissen, worauf sie am Lebensabend zurückblicken wollen, dann wird dadurch jede Reduktion, die sie aktiv vornehmen, als Erfolgserlebnis zu erkennen sein, weil sie ihrem Lebensziel stückweise näher kommen. Die Menschen müssen einen Sinn in jeder Situation und Lebenslage erkennen, um zu sehen, dass die sinnvolle Wahl immer diejenige ist, die sie ihren selbstgewählten Zielen am nächsten bringt. *Für sich selbst die Reduktion vorzunehmen, bedeutet auch, aktiv zu sein. Erst dieses Bewusstsein schafft Erfolgserlebnisse.*

In insgesamt über einem Jahrzehnt Forschungsarbeit, in dem wir Daten von Tausenden Strafgefangenen für das Hamburger Justizministerium ausgewertet haben, ist als ein wichtiges Ergebnis herausgekommen, dass die Bereitschaft für Verantwortung einer der zentralen Faktoren für die (Wieder-)Eingliederung in die Gesellschaft ist. Für etwas Verantwortung zu übernehmen, hat stark mit Sinn zu tun. So ist das Leben in sozialer Verantwortung auch das gesetzlich definierte Vollzugsziel. Verantwortung ist einer der wichtigsten Stabilisatoren für das legale Leben in Freiheit. Von der Korrelation her ist es unerheblich, ob es sich um Verantwortung gegenüber der Lebenspartnerin oder gegenüber der Katze, die man für den Nachbarn betreut, oder gegenüber seinen Kindern handelt. *Die Verantwortung an sich, die Übernahme der aktiven Rolle ist der entscheidende Faktor.*

Die Übernahme von Verantwortung stellt Sinn her. Die ehemaligen Gefangenen, die in unseren Untersuchungen von ihrem Leben in Freiheit berichtet hatten, zeigten ihre Zufriedenheit über ihre Veränderung deutlich. Was diese Gefangenen, die sich nach ihrer Haft anschließend legal bewährten, miteinander gemeinsam hatten, war neben dem Gefühl der eigenen Verantwortlichkeit eben die Übernahme einer aktiven Rolle an dieser Situation.

Aktiv statt passiv

Um die Verantwortung für sich selbst zu übernehmen, um selbst einer Situation Sinn zuzuschreiben, ist es wichtig, sich selbst in der aktiven Rolle zu sehen. Bei mehreren der genannten Untersuchungen wurden Gefangene befragt, aus welchen Gründen sie einsitzen würden. Die häufigste Antwort, die auch regelmäßig in den selbst geschriebenen Lebensläufen in den Gefangenenakten zu finden ist, lautet: »Weil ich Blödsinn gebaut habe.« Auf den ersten Blick erscheint es so, als ob der Insasse sich selbst die Schuld für die Inhaftierung zuweist, was auf einen gewissen Grad der Reflexion über die Tat schließen lassen könnte. Fragt man jedoch weiter, so werden Antworten gegeben wie »Weil ich erwischt worden bin …« oder »Weil ich verpfiffen worden bin …«. Vergleicht man die erste Aussage mit den beiden letzten Aussagen, so ist zu beobachten, wie der Insasse sich aus der aktiven Rolle (»Ich habe …«) in die passive Rolle (»… worden bin«) begibt. Der Insasse empfindet sich als Leidender, als Opfer, mit dem etwas geschehen ist.

Wie oft begeben wir uns als Arbeitnehmer in unserem Alltag in die Rolle des Opfers der Situation? Wie oft könnten wir selbst etwas verändern, wenn wir die aktive Rolle übernehmen würden? Wir können das selbst gut überprüfen, indem wir darauf achten, ob wir passive oder aktive Formulierungen für unsere Erklärungen bevorzugen. Wir müssen uns manchmal nur selbst beobachten.

Wenn jemand nach einem Schuldigen und nicht nach einer Lösung sucht, wenn er Konsequenzen fordert und nicht nach einer Entwicklung trachtet, sollten die Alarmglocken läuten. Derjenige ist dann in ein altes Muster verfallen und weit weg vom vernunftgesteuerten Wesen. Er agiert dann nicht mehr wie ein Fachmann, er unterscheidet sich nicht mehr von einem Laien, wenn er in einer problematischen Situation nur möglichst schnell einen Schuldigen finden und sanktionieren möchte. Damit hofft er insgeheim, selbst nicht schuld an der Situation zu sein, denn damit muss er sich v. a. selbst nicht ändern und kann in allem weitermachen wie bisher.

Zwischenbilanz:

Einer der zentralen Faktoren für ein zufriedenes Leben ist die Erkenntnis, nicht nur für seine aktiven Handlungen verantwortlich zu sein, sondern auch für sein passives Nichtstun.

Verantwortung hat mit Sinnzuschreibung zu tun. Jemand kann leichter die Verantwortung für eine Situation übernehmen, wenn er in der Lage ist, dieser einen langfristigen Sinn zuzuordnen.

Den Sinn einer Handlung zu erkennen, bedeutet deshalb auch, leichter zu sich und seinem Tun stehen zu können und bereit zu sein, die Verantwortung für die Konsequenzen zu übernehmen.

Freiheit ist der Lohn der Verantwortung

Wenn wir Komplexität nicht mit Hilfe von Sinn für uns selbst reduzieren können, ist es oft hilfreich, wenn andere, auf die wir uns verlassen können, uns diese Aufgabe abnehmen. Damit wird die Verantwortung für unser Handeln von uns auf die anderen übertragen. Das ist u. a. einer der Gründe dafür, warum Unternehmen gern auf Berater zurückgreifen; selbst dann, wenn sie keine Antworten erwarten können. Sie putzen sich ab, wie man auf Österreichisch sagt; sie versuchen, ihre Hände in Unschuld zu waschen.

Es bedeutet aber im Gegenzug jedes Mal ein Stück mehr Abhängigkeit, die jemand als Preis dafür bezahlen muss, wenn er Verantwortung abgibt. »Freiheit bedeutet Verantwortlichkeit. Das ist der Grund, weshalb die meisten Menschen sich vor ihr fürchten«, soll George Bernard Shaw einmal gesagt haben. Das bedeutet, Verantwortung freiwillig abzugeben und ohne Not jemand anderen für zuständig zu erklären, ist jedes Mal eine kleine Kapitulation vor der Komplexität. Um diese besser zu ertragen, ist es notwendig, die eigene Aufgabe und Verantwortung im Gesamtkomplex unserer Lebenssituation in einen Arbeitsprozess oder in ein Projekt des Unternehmens, für das wir tätig sind, einzubinden. Niemand, der sich für seine Familie verantwortlich fühlt, würde tatenlos zusehen, wie sein Kleinkind auf dem Geländer eines Krokodilbeckens balanciert. Das Verantwortungsgefühl, das Gefühl, sowohl für das Kind als auch für die Folgen der Situation verantwortlich zu sein, veranlasst die Eltern einzugreifen.

Es sind aber nicht nur die Eltern, die eingreifen würden, wenn sie ein Kleinkind auf einem Geländer über einem Krokodilgehege balancieren sehen, denn auch Familienfremde würden wohl Zivilcourage zeigen und in eine solche Situation eingreifen, wenn sie als gefährlich und eilig eingestuft wird und die Eltern nicht in der Nähe sind. Sie übernehmen also Verantwortung selbst dann, wenn sie vorher nicht direkt definiert wurde.

Verantwortung schafft Zufriedenheit

Verantwortung ist eine notwendige Voraussetzung für Identitätsbildung, selbstständiges Handeln und anschließende Zufriedenheit. Wie schaffen es einige Unternehmen, dass Mitarbeiter nicht eingreifen und bloß Dienst nach Vorschrift praktizieren und keine Notwendigkeit darin sehen, Verantwortung zu übernehmen? Welche Bedingungen schaffen Unternehmen, damit es so weit kommt? Was muss in einem Arbeitnehmer vorgehen, wenn er sich für seinen Arbeitsbereich nicht mehr verantwortlich fühlt? Warum erkennen manche Arbeitnehmer den Sinn nicht, der hinter ihrer Aufgabe steckt? Wenn sie sehen, dass Dinge aus dem Ruder laufen, warum unternehmen sie nichts dagegen, sondern warten ab, bis die »Verantwortlichen« entscheiden?

Beim Small Talk mit den Autoren scheuen sich einige Unternehmer nicht einmal, darüber zu berichten, dass ihre Mitarbeiter unengagiert oder unmotiviert ihre Arbeit verrichteten. Berücksichtigt man hier die Erkenntnisse aus Sozialwissenschaft und Hirnforschung, dann widerspricht das sogar der Natur des Menschen, dessen Gehirn auf Lernen und Entwicklung ausgerichtet ist und dessen Motivation nicht erst von außen geweckt werden muss.

Wenn Mitarbeiter unengagiert sind, muss sich jeder Unternehmer die selbstkritische Frage stellen, wieso dies so ist. Sind es die Unternehmen, die selbst diese Urbedürfnisse der Verantwortung abtöten, oder ist es eine allgemeine Entwicklung unserer Gesellschaft, die es den Menschen erschwert, mithilfe von Sinn die wachsende Komplexität zu minimieren und die Verantwortung dafür zu übernehmen? Die bekannte Klageindustrie in den USA, bei der Anwälte von Herstellern Millionen an Entschädigungszahlungen für ihre Klienten herausschlagen, die sich an heißen Kaffeebechern verbrennen oder einen Mikrowellenherd zweckentfremden, scheint ein Hinweis für diese traurige Entwicklung zu sein. Es ist einfach, die Verantwortung für sein Handeln abzugeben, aber Zufriedenheit wird daraus nicht resultieren. Glücksgefühle und Zufriedenheit kann man nicht konsumieren und deshalb kann man nicht die Verantwortung für sein persönliches Glück an andere abgeben.

Macht reduziert Komplexität

Eine besondere Form der Reduktion von Komplexität und der Abgabe eigener Verantwortung ist Macht. Das zeigt sich insbesondere in Unternehmen. Macht ist, funktional betrachtet, äußerst hilfreich, weil sie die Welt um uns herum vereinfacht, und zwar sowohl für den, der diese Macht ausübt, als auch für den Untergebenen, der sich auf die Handlungen des Mächtigen verlassen kann. Komplexitätsreduktion bedeutet Übernahme von Verantwortung für das eigene Handeln und dieser Verantwortung kann man sich gut entledigen, wenn man den »Mächtigen« alle Entscheidungen überlässt. Dieses Verhalten wird in totalitären Institutionen durch Befehl und Gehorsam perfektioniert. Diese »Hackordnung«, also die soziale Rangordnung, gehört sowohl in der Tierwelt als auch bei uns Menschen zum Alltag.

Das ist auch der Grund dafür, warum Mitarbeiter ihre Entscheidungen gerne von höheren Instanzen absegnen lassen, um keine bösen Überraschungen zu erleben bzw. eben Kritik von Vorgesetzten zu ernten. *Die Forderung nach besserer Führung ist oft nichts anderes als das Signal an einen selbst: Gib mir bitte mehr Orientierung – ich selbst kann sie mir nicht geben.*

Der Vorteil, den Macht für alle Beteiligten bietet, ist auch gleichzeitig ein Nachteil. Macht erfordert Vertrauen und Zutrauen. Vertrauen in die Person, die Macht hat und sie ausübt, und Zutrauen, dass sie die ihr anvertraute Komplexitätsreduktion auch zur Zufriedenheit aller erledigen kann. Aber dieses Vertrauen kann man auch missbrauchen, der Mächtige kann negativ manipulieren. Doch die Möglichkeit eines Missbrauchs allein rechtfertigt nicht die Eindämmung von Macht. Es wäre ein Umkehrschluss. Niemand würde auf die Idee kommen, Brotmesser deshalb abzuschaffen, nur weil sie bei Straftaten manchmal zweckentfremdet werden.

Macht hat in elementarer Weise etwas mit dem Umgang mit Ungewissheit zu tun. Durch Macht wird versucht, Kontrolle in ungewisse Situationen zu bringen. Deshalb ist die Auseinandersetzung mit dem Ungewissen auch ein Eingeständnis der eigenen Grenze der Kontrolle, der Grenze der eigenen Fähigkeiten und der eigenen Vorstellungskraft. Zwar möchten viele eine Kontrolle über das Ungewisse haben, was aber zumeist auf einen Mangel an Realitätssinn hindeutet, weil das Leben unberechenbar ist. Aber die Angst, die Kontrolle über bestimmte Situationen zu verlieren, obwohl man sie real noch nie hatte, führt zu Sicherheitsmaßnahmen, wie sie insbesondere seit den Ereignissen des 11. September 2001 von einigen Politikern gefordert werden und nun immer größere Ausmaße annehmen.

Zwischenbilanz:

Je größer die Sinngebung in einem Unternehmen ist, desto weniger Hierarchie ist notwendig, weil jeder selbst einen Sinn seiner Tätigkeit erkennt und entsprechend eigenverantwortlich handelt.
Je weniger Sinngebung in einem Unternehmen vermittelt wird,

desto größer muss das Hierarchiegefälle sein, damit Verantwortlichkeiten von den Arbeitnehmern auf höhere Instanzen übertragen werden können.

Die Abflachung von Hierarchien muss also mit einer Zunahme der Transparenz, was für das Unternehmen als sinnvoll erachtet wird, einhergehen. Und dieser Sinn muss sich mit dem der Arbeitnehmer zum großen Teil decken, wenn diese den Vorgaben auch folgen wollen.

Kapitel 11

Faktor: Entscheidungen

Nichts verändert sich nach unseren Wünschen, wenn wir nicht selbst darüber entscheiden. Doch die Unsicherheit bei der Entscheidungsfindung wächst trotz Buch- und Seminarmarkt bei vielen Arbeitnehmern und Führungskräften sowohl der mittleren als auch der höheren Führungsebenen stetig. Viele Entscheidungen müssen in Situationen getroffen werden, in denen immer mehr Informationen in immer kürzerer Zeit zur Verfügung stehen. Immer schneller veraltet das Wissen. Nach einer Studie kalifornischer Wissenschaftler wächst die weltweite Datenmenge jährlich um 30 Prozent.[19] Laut dem Magazin »Der Spiegel« greifen 89 Prozent der Deutschen täglich zur Fernbedienung, um Informationen, Spaß oder Entspannung zu erhalten. Täglich über acht Stunden setzen sie sich einer Informationsflut durch Fernsehen, Radio, Zeitung oder Zeitschriften oder durch das Internet aus.[20]

Das ist vermutlich der Grund dafür, weshalb sich die Firma Google in der Informationsgesellschaft weltweit an die Spitze gesetzt hat. Weil niemand anderes so umfangreich »(...) die unstrukturierten Daten, die die Gesellschaft produziert, strukturieren kann«.[21] Das heißt, die Menschen gieren wegen der Informationsflut nach Strukturen und der Reduktion von Komplexität. Doch wie erwähnt kann diese Komplexität nur dann zur Zufriedenheit führen, wenn die Reduktionen mit Sinn erfüllt sind. Google liefert Antworten auf Fragen, die sich jeder selbst stellen kann. Dass hier Grundbedürfnisse des Menschen befriedigt werden, macht einen großen Reiz aus. Dass Google bei der Suche nach Antworten allerdings nur an der Oberfläche bleibt, wird von den meisten vergessen. Die Suchmaschine durchsucht nur ein Tausendstel des Web. Das sogenannte Deep Web, mit den wertvollen Informationen, mit dem echten Wissen, bleibt den Suchrobotern verschlossen.

Sinnvolle Entscheidungen mit sinnvollen Daten

Viele der Daten, die wir über die Medien erhalten, sind redundant, aber oft fehlen den Nutzern die entsprechenden Techniken, um die

Fülle an Daten zu vermindern und Entscheidungen treffen zu können. So wird oft versucht, wichtige Entscheidungen so lange hinauszuzögern, bis entweder jemand anderes die Entscheidung trifft oder die Zeit das Ereignis eingeholt hat, sodass eine weitere Auseinandersetzung mit dem Thema überflüssig wird. Gleichzeitig kann man – um Paul Watzlawick zu paraphrasieren – nicht nicht entscheiden. Das ist wie bei jemandem, der sich nicht entschließen kann, ob er lieber das rote oder das grüne Auto kaufen soll. Wenn er die Entscheidung hinauszögert, nimmt ihm jemand anderes diese wahrscheinlich ab, indem er das rote Auto zuerst kauft und nur noch das grüne übrig bleibt. Also hat derjenige, der sich eigentlich nicht festlegen konnte, sich in der Konsequenz für das grüne entschieden.

Um die Komplexität zu bewältigen, können Menschen die sinnorientierten Reduktionen selbst vornehmen oder sie anderen überlassen und somit bloß passiv erleben. Wichtig bei jeder Reduktion ist, dass die neu gewählten Möglichkeiten Anschluss an die bisherigen bieten. Nur dadurch ist Systemstabilität gewährleistet.

> »Wir sind fast immer gezwungen, aufgrund unvollständiger Informationen zu wählen. Die vielen Möglichkeiten liegen gewissermaßen hinter einer Milchglasscheibe. (...) Die Notwendigkeit zu entscheiden übersteigt die Möglichkeit zu erkennen. Warten auf uns vielleicht hinterher noch mehr Probleme als vor unserer Entscheidung?«[22]

Qualität ist nicht messbar

Kaum etwas, was im Leben wirklich wichtig ist, ist quantitativ oder gar metrisch messbar. Qualitäten sind selten digital und zählbar. Wer Kinder hat, weiß, dass Liebe kein messbarer Wert ist, auch wenn Kinder in einem bestimmten Alter dies zu wünschen scheinen. Spätestens dann, wenn das zweite Kind kommt, erleben Eltern, dass das Erstgeborene wissen möchte, ob man sie noch genauso liebt wie vorher. Sie vermuten, dass die Liebe halbiert wird, und hoffen wahrscheinlich insgeheim, dass ihr Anteil größer ausfällt als der ihres neugeborenen Geschwisterchens. Dass Eltern aber beide Kinder zu 100 Prozent lieben und jedes zu 100 Prozent anders, ist eine Erfahrung vermittelt durch einen Reifungsprozess, den die Kinder erst durchlaufen müssen. Dass zweimal 100 Prozent Liebe nicht 200 Prozent ergibt, sondern immer noch 100 Prozent Elternliebe ist, kann eben nur damit erklärt werden, dass Liebe eine Qualität und damit nicht quantitativ messbar ist. Bekanntlich ist die geteilte Freude nur deshalb doppelte Freude und geteiltes Leid halbes Leid, weil es sich hier um nicht messbare Qualitäten handelt.

Viele Aspekte, auf die es im Arbeitsalltag ankommt, sind eher qualitativer Natur als quantitativ messbare Faktoren: Unternehmenstreue (sowohl von Mitarbeitern als auch von Kunden), Zufriedenheit, Identifikation, Veränderungsbereitschaft, Innovationskraft. Nicht alles lässt sich so messen wie eine Glühbirne – geht oder geht nicht. Warum ändert sich Käuferverhalten, warum ändern sich Aktienkurse? Auch wenn bei vielen der Wunsch besteht, wie im Beispiel mit den Kindern gezeigt, Gewissheit in ihr Leben zu bekommen, gehört es auch dazu, Qualitäten zu erkennen und sie als solche auszuhalten. Das erstgeborene Kind muss es aushalten, dass die Eltern nun sowohl das erste als auch das zweite Kind zu 100 Prozent lieben. Aber jedes eben anders. Eine Gewissheit wird es darüber nie haben können. Es ist außerhalb einer möglichen Beweisbarkeit. Wie sollte man beweisen, dass man jemanden liebt?

Die an diese Überlegungen bei manchen vielleicht anschließende Frage, was denn der wichtigste Sinn des Lebens sei, wenn es schon mehrere davon gibt, wäre der Versuch, eine Quantifizierung einer Qualität vorzunehmen, um seine eigene Orientierung zu erleichtern. Genauso wie der Versuch, die Liebe der Eltern auf zwei Kinder zu *teilen*. So wie Liebe nicht geteilt, sondern auf beide Kinder quasi verdoppelt wird, weil es sich eben um eine Qualität handelt, gibt es nicht den wichtigsten Sinn in einem Leben. Auch hier wird eine Zufriedenheit wahrscheinlich erst eintreten, wenn man gelernt hat, mit dieser scheinbaren Unsicherheit zu leben.

Sowohl-als-auch statt Entweder-oder

Jugendliche, die sich in Internetplattformen vernetzen, klagen zunehmend darüber, dass sie Ranglisten ihrer Lieblingskontakte erstellen müssen, was immer dann zu Konflikten führt, wenn einem Freund die Zwangsbewertung »liebster Freund«, »zweitliebster Freund« usw. nicht gefällt. Hier wird versucht, Freundschaft zu digitalisieren und in eine Rangordnung zu bringen, was aber mit Qualitäten nicht gelingen kann. Warum sollte man nicht drei beste Freunde haben? Jeden für einen anderen Zweck, aber alle gleich gernhaben?

Qualitäten beinhalten ein Sowohl-als-auch anstelle des quantitativ messbaren Entweder-oder. Im Alltag, im Umgang mit Menschen gibt es viel häufiger Situationen, bei denen es ein Sowohl-als-auch gibt statt dem binären Entweder-oder. Basis der digitalen Technologie sind die Ziffern 0 und 1, vergleichbar mit schwarz und weiß. Im Leben gibt es aber nicht nur Nullen und Einsen, es ist auch nicht schwarz-weiß, sondern meistens bunt. Daher hat die Welt sowohl schwarze und weiße Seiten als auch farbige. Sie ist also nicht Entweder-oder.

Die Wirtschafts-, Ingenieurs- und Naturwissenschaften sind davon verwöhnt, dass ihre Forschungsgegenstände oft eindeutige Entscheidungen ermöglichen: Entweder-oder. Die Unternehmensrealität und die Kommunikationsrealität sind aber gerade nicht digital. Und genau hier liegt oft eines der Probleme in der Wahrnehmung und Schlussfolgerung vieler Menschen.

Die Situationen müssen häufig viel differenzierter betrachtet und bewertet werden, als das in der Kürze der Zeit möglich ist. Steht jemand vor einer Entscheidung, die eine differenzierte Ausprägung durch ein Sowohl-als-auch haben kann, dann erzeugt der Wunsch nach Entweder-oder zwangsläufig Stress, weil eine befriedigende Lösung nicht erzielt werden kann.

Wenn z. B. jemand ein Auto kauft, muss er sich für gewöhnlich entscheiden, welches er für das beste hält. Doch eigentlich hängt es von dem Zweck ab, den er verfolgt, wie das Auto auszusehen hat. Möchte er möglichst viele Kinder sicher transportieren und den Großeinkauf erledigen, wird er vermutlich zu einem Family-Van greifen. Ist er Single und reist er eher alleine, ist ein anderes Auto vielleicht besser geeignet. Hätte er genug Geld, würde er sich wahrscheinlich für ein Sowohl-als-auch – also für beide – entscheiden, alles andere ist ein Kompromiss.

Stress durch »digitales Denken« erzeugt z. B. auch der Fall, wenn ein Mitarbeiter, der mit einem anderen einen Konflikt hat, beim Abteilungsleiter die Forderung stellt: »Er oder ich.« Eigentlich will der Abteilungsleiter beide Mitarbeiter behalten, sieht sich aber auf den ersten Blick zu einer binären Entscheidung durch diese Forderung gezwungen. Dabei gäbe es sicherlich viele Lösungswege, die zwischen den Extremen liegen.

Auch Erfolg ist eine Qualität, die viele Ausprägungen hat. Ein Quartalsergebnis ist nur eine davon. Aber weil ein Quartalsergebnis sehr leicht in »mehr« oder »weniger« unterteilbar und damit messbar ist, ist dieses Instrument so beliebt. Aber Erfolg ist nun mal nicht unterteilbar. Zufriedene Kunden, zufriedene Mitarbeiter, gesellschaftliche Akzeptanz, Innovationskraft, soziale Verantwortung usw. gehören unverzichtbar zu den Ausprägungen des Erfolgs.

Genauso ist Gut oder Böse keine binäre Option, sondern ein Sowohl-als-auch: Menschen sind nicht gut oder schlecht, sondern bestenfalls verhalten sie sich systemstabilisierend oder systemdestruierend. Das führt besonders dann zu Wahrnehmungskrisen, wenn man aus den Medien hört, dass der »nette Nachbar« ein Verbrechen begangen hat. Ist er jetzt 50 Jahre lang »gut« gewesen und bloß die letzten Tage »böse« oder ist die Situation doch differenzierter, als wir sie verarbeiten können?

Bauchgefühl oder Verstand – oder doch beides?

Was hindert Menschen an schnellen und sicheren Entscheidungen? Unsicherheit. Unsicherheit vor der Reaktion der anderen, vor den eigenen Erfahrungen, vor den Folgen und Konsequenzen für die Zukunft; dass gewählte Möglichkeiten anders ausfallen können, als erhofft oder erwartet. Und diese Kontingenz, die Angst, bei Entscheidungen falsch zu liegen, führt dazu, dass einige Menschen sich so ungern in unbekannte Situationen begeben, weil die Folgen unbekannt sind. Das ist einer der Gründe dafür, warum viele an Bekanntem festhalten und sich für Veränderungen versperren.

Es gibt in der Fachliteratur seit Langem einen Disput darüber, ob Vernunftentscheidungen besser seien als Bauchentscheidungen. Seit Mitte der 1990er-Jahre gibt es im Bereich der Hirnforschung und Psychologie verstärkt Überlegungen und Untersuchungen, wie Entscheidungsprozesse ablaufen. Die Ergebnisse weisen ganz deutlich darauf hin, dass es auch hier um ein Sowohl-als-auch geht. Es wird also beides benötigt, Vernunft und Gefühl gehören für eine richtige Entscheidung zusammen.

Entscheidungen, insbesondere im Berufsleben, betreffen selten jemanden allein, sondern müssen auch den sozialen Kontext berücksichtigen. Der Entscheider orientiert sich an den Erwartungen der anderen, an den Konsequenzen, wie seine Entscheidungen in Bezug auf andere Menschen aussehen. Und er orientiert sich im Berufsleben auch an den Werten, die in seinem Weltbild vorhanden sind.

Entscheidungen sind also nicht binär, sondern differenzierte sinnorientierte Prozesse:

- Entscheidungen beinhalten soziale Komponenten. Was sagen andere dazu? Wie sehen mich die anderen nach der Entscheidung?
- Entscheidungen basieren auf Persönlichkeitskomponenten und Identifikation: Passt die Entscheidung zu jenen, die ich in der Vergangenheit getroffen habe?

- Entscheidungen sind eine vorausschauende Bewertung der Konsequenzen: Was passiert, wenn ich mich entscheide? Wer ist für meine Entscheidung verantwortlich? Wie hoch ist das maximale Risiko, das ich eingehe? Kann die Entscheidung revidiert oder modifiziert werden, wenn sie falsch ist?
- Entscheidungen bewirken neue Entscheidungen. Eine Entscheidung kann unzählige neue Möglichkeiten eröffnen. Daher ist sie quasi der Beginn einer Kettenreaktion und muss deshalb besonders darauf überprüft werden, wie viel Sinn sie enthält.

Selbstbewusst entscheiden

Je besser jemand weiß, welche Werte und Ziele er verfolgt, je stärker die aktuelle Situation mit dem, was in seinem Leben Sinn macht, korrespondiert, desto sicherer wird er Entscheidungen treffen können. Wenn man Sinn in Situationen legen kann, weil man bestimmte Werte oder Ziele verfolgt, dann erhält man automatisch eine Verhaltenssicherheit, wie man sich für die Zielverfolgung angemessen verhält. Dies führt zur Authentizität der eigenen Persönlichkeit.

Die Fähigkeit, Sinn in eine Entscheidung zu legen, ist die Grundlage aller selbst getroffenen Entscheidungen. »Ich kann mich nicht entscheiden«, bedeutet: »Ich erkenne nicht den Sinn der Situation, ich sehe keinen Sinn für eine Entscheidung.«

Die Orientierung an anderen ist bei unroutinierten Entscheidern von hoher Bedeutung. Das erklärt auch die bereits erwähnte Orientierung an Mittelwerten. Auch die bereits oben erwähnte Frage »Was isst du?« oder »Soll ich das nehmen?«, »Was meinst du?« sind Fragen, welche die Orientierung an der Meinung des Gegenübers suchen. Das dient nicht nur der Absicherung und Suche nach Verhaltenssicherheit, sondern gleichzeitig auch der Sinnsuche. Wenn etwas für andere Sinn ergibt, stellt es vielleicht auch für den Suchenden Sinn her. Es ist aber auch hier wieder ein Abgeben von Verantwortung mit im Spiel. Je gefestigter ein Mensch ist, desto weniger wird er sich bei seinen Entscheidungen an anderen orientieren müssen.

Die Aussage »Du zuerst« ist eine Aussage, die wahrscheinlich jeder aus seiner Kindheit von »Mutproben« kennt. Sie zeigt den Wunsch nach Orientierung. Bei Konflikten eröffnet diese Aufforderung z. B. die Möglichkeit, dass der andere den ersten Schritt macht und man nicht allein verantwortlich ist. Man bekommt die Sicherheit, dass der andere tatsächlich auch das macht, was man selbst tun soll, und es zeigt, dass das Risiko des Handelns gar nicht so hoch ist, da der andere auch keine negativen Folgen erlebt hat, als er den ersten Schritt getan hat.

Mit Zunahme der Stärke der Persönlichkeit rücken bestimmte soziale Komponenten bei der Entscheidungsfindung in den Hintergrund, z. B. die Frage danach, wie andere das Handeln beurteilen. Professionellen Entscheidungsträgern in der Wirtschaft ist die Sachlage meist sogar deutlich wichtiger als die soziale Komponente. Sie treffen Entscheidungen auch dann, wenn sie als Einzige von der Notwendigkeit überzeugt sind. Wenn ein Unternehmer meint, dass der Fortbestand seiner Firma nur dann gewährleistet ist, wenn er Teile seines Werkes schließt, wird er sich auch dann nicht von seinem Plan abbringen lassen, wenn in diesem Werk private Freunde beschäftigt sind. Die soziale Komponente wird in einem solchen Fall bewusst ausgeblendet.

Je stärker jemand für die Folgen seiner Entscheidung selbst die Verantwortung trägt, desto eher wird sich diese Entscheidung an langfristigen, als stabil geltenden Werten orientieren. Das erklärt, warum mittelständische Unternehmer, die meist selbst Eigentümer ihrer Unternehmen sind, oft langfristigere wirtschaftliche Entscheidungen treffen als Manager, die für ihre Entscheidungen gewöhnlich nicht selbst haften müssen. Für unsere Entscheidungen im Alltag haften wir immer selbst, denn die eigene Verantwortung kann man nicht – genauso wenig wie die eigene Zufriedenheit – delegieren.

Für sinnvolle Entscheidungen bedeutet dies: auf einer bestimmten Daten- und Gefühlsbasis Entscheidungen zu treffen und sie zu ändern, wenn ein neuer Sachverhalt auftaucht (solange dies möglich ist). Dies kann ohne Schuld- oder Minderwertigkeitsgefühle erfolgen und würde notwendige Entscheidungen nicht so lange hinauszögern.

»Die Unfähigkeit zu entscheiden hängt oft mit einer perfektionistischen Haltung zusammen. Weil man unter allen Umständen keinen Fehler machen will, traut man sich nicht Entscheidungen zu treffen. Man wartet, bis andere entscheiden. Aber indem man eine Entscheidung hinauszögert, um ja keinen Fehler zu machen, macht man gerade alles falsch. In manchen Betrieben hat man den Eindruck, dass Chefs vor allem ihre Posten behalten wollen. Daher ist ihre wichtigste Aufgabe, nicht aufzufallen und keine Fehler zu machen. Aber dann kann auch nichts Neues entstehen, dann gehen Fantasie und Innovation verloren. In dieser Angst zu entscheiden kreist man nur um sich selbst und seine Fehlerlosigkeit. Man hat nicht die Menschen und das Unternehmen im Blick, sondern fragt egozentrisch immer nur nach den möglichen Folgen für einen selbst.«[23]

Eigene Wahrnehmung – eigener Sinn

Entscheidungen hängen nicht nur mit den genannten Faktoren, sondern auch mit unserer Wahrnehmung zusammen. Unsere Wahrnehmung hat entscheidenden Einfluss auf das, was wir an Werten und Zielen aufbauen und für uns als sinnvoll erachten.

Um festzustellen, welche Dinge im Leben für einen selbst wichtig sind, kann man sich bewusst dabei beobachten, was man wahrnimmt. Dabei ist es aufschlussreich, sich nicht nur z. B. zu fragen, *was* man sieht, sondern sich auch zu fragen, *warum* man etwas sieht. Warum man seine Aufmerksamkeit auf etwas richtet und nicht auf etwas anderes.

Als der deutsche Moderator, Komiker und Buchautor Hape Kerkeling den Jakobsweg ging, nahm er die Dinge, die um ihn herum waren, immer stärker als Zeichen seiner Umwelt wahr und orientierte sich immer stärker an ihnen, was zu Begegnungen und Gelegenheiten führte, die er sonst verpasst hätte. Bei seinen Überlegungen stellte er fest, dass er bei nahezu jedem Menschen, den er auf dem Weg getroffen und mit dem er zumindest kurze Zeit verbracht hatte, eine Eigenschaft fand, in der er sich selbst wiedergefunden hat. Jeder dieser Menschen zeigte ihm in typischer Weise einen Teil seines Verhaltens auf. Im positiven genauso wie im negativen Sinne. Er konnte durch die anderen sehen, wie sein eigenes entsprechendes Verhalten auf andere wirkt. Eine Entdeckung an sich selbst, die auch der amerikanische Arzt und Philosoph Deepak Chopra skizziert hat:

> »Die Ereignisse in meinem Leben sind ein Spiegel meiner selbst: (…) Dinge, die meine Aufmerksamkeit erregen, wollen mir etwas mitteilen. (…) Die Menschen in meinem Leben spiegeln Aspekte meiner selbst: (…) Jeder von ihnen steht für eine Eigenschaft, die ich gerne hätte oder ablehne. (…) Am meisten werde ich von den Menschen lernen, die ich abgöttisch liebe oder abgrundtief hasse: Die einen spiegeln meine höchsten Ziele, die anderen meine tiefsten Ängste vor dem, was in mir steckt. (…) Ich werde prüfen, worauf ich meine Aufmerksamkeit richte. Auf diese Weise finde ich heraus, welche Bereiche meines Lebens derzeit wachsen. Dann werde ich mich fragen: ›Was soll in meinem Leben wachsen?‹ Die Antwort wird mir verraten, worauf ich meine Aufmerksamkeit richten muss.«[24]

Es ist nämlich gar nicht selbstverständlich, dass alle Menschen in einer identischen Situation die gleichen Dinge wahrnehmen. Selbst dann, wenn mehrere Freunde miteinander unterwegs sind, sieht der eine Dinge, die der andere nicht sieht. Ist man gemeinsam in einer Besprechung, so erregen dieselben Aussagen eine unterschiedliche

Aufmerksamkeit der Teilnehmer. Warum regen manche Dinge auf, die andere völlig kaltlassen? Wenn wir uns über etwas aufregen, dann sagt dies unter Umständen deutlich mehr über uns selbst aus als über den oder das, worüber wir uns gerade ärgern.

Die oft zu hörenden Aussagen »Das ist ein Zeichen« oder »Es will mir etwas sagen« führen häufig zu einem Missverständnis: Es sind natürlich nicht die Dinge, die einem etwas mitteilen wollen, sondern wir können etwas über uns erfahren, wenn wir feststellen, welche Bedeutung die Dinge für uns haben. Warum wir sie überhaupt wahrnehmen, in welchem Zusammenhang wir sie setzen und warum sie uns gerade jetzt auffallen. So gibt der Umstand, dass wir gerade diese Dinge wahrnehmen, Auskunft darüber, wie wir uns derzeit erleben und wahrnehmen und worauf wir unsere Aufmerksamkeit gerade richten.

Denn wir richten unsere Aufmerksamkeit gewöhnlich auf Dinge, die uns wichtig sind, die vielleicht noch unerledigt sind und die wir für uns klären müssen. Und in diesem Sinne sind die Aspekte, die jemand wahrnimmt, Zeichen. Aber nur weil er sie entsprechend wertet und bewertet und sie für ihn einen bestimmten Sinn haben, indem man sie in einen Gesamtzusammenhang einbezieht.

Emotionen bestimmen unseren Alltag

Ohne Emotionen werden nur wenige Entscheidungen getroffen. Und wenn jemand noch so viele Daten für den Autokauf heranzieht, wenn er noch so viele Berater fragt, letztlich ist es sein Gefühl und seine innere Stimme, die ihn zum Kauf des Autos veranlassen. Richtige Entscheidungen kommen in der Regel dann zustande, wenn folgende drei Elemente vorhanden sind:

1. Hohe Erfahrung, Sachkenntnis und Fehlererfahrung auf dem jeweiligen Gebiet,
2. möglichst breite Informationsbasis,
3. das Gefühl, dass die Entscheidung richtig ist, dass sie Sinn ergibt.

Weil die dritte Bedingung – das Hinzukommen der Emotionen – für die Entscheidung von so großer Bedeutung ist, wird manchmal fälschlich vom Bauchgefühl als der *besseren* Entscheidungsform gesprochen. Dabei ist das Bauchgefühl nur ein Bestandteil einer vollständigen Entscheidung. Erst wenn die Emotionen in die gleiche Richtung wie der Verstand weisen, ist die Festlegung nachhaltig möglich. Und erst wenn alle drei Momente zusammenkommen, fallen die Entscheidungen für gewöhnlich befriedigend aus.

Der Zustand der Zufriedenheit zeigt den emotionalen Charakter der Entscheidung deutlich an. Emotionen können deshalb als Indikator dafür angesehen werden, ob Entscheidungen subjektiv richtig getroffen wurden. Eine Garantie für eine objektive Richtigkeit gibt es aber auch hier nicht. Auch wenn wir uns einer Sache ganz sicher sind, können wir genauso gut danebenliegen. Das kann man jede Woche im Fernsehen sehen, wenn jemand bei »Wer wird Millionär« bzw. der »Millionenshow« aus dem Bauch heraus ganz sicher die falsche Antwort eingibt.

In der langjährigen Diskussion, ob Entscheidungen besser über den Verstand oder mit dem Bauch getroffen werden, überwog die binäre Fragestellung des Entweder-oder und verhinderte die effizientere Sichtweise des Sowohl-als-auch.

Wenn jemand über den ersten Punkt, die Erfahrung und Sachkenntnis, nicht verfügt, dann muss er Berater hinzuziehen, denen er vertraut. Das Problem, das hier auftaucht: Man muss sich auch für einen Berater entscheiden. Aber den dritten Punkt der Entscheidungsgrundlage, das Gefühl, dass die Entscheidung die richtige ist, kann einem auch kein Berater abnehmen.

Welche Rolle Emotionen in Unternehmen spielen, weiß jeder, der schon einmal erlebt hat, wie ein Kollege zum Abteilungsleiter befördert wurde. Oft ist es schwer, sich über Emotionen, Neid oder das Gefühl, »selbst viel geeigneter gewesen zu sein«, hinwegzusetzen. Da scheitern oft auch gut gemeinte Versuche, denn man denkt über ein solches Ereignis nach und hinterfragt es. Da geht es nicht mehr um

Vernunft, sondern darum, das Gerechtigkeitsgefühl obsiegen zu lassen: Jeder, der sich ärgert, hätte sich entweder als geeigneter gesehen oder sieht den Kollegen als ungeeignet an, der jetzt Abteilungsleiter geworden ist. Er sieht die Beförderung als Belohnung für eine fachliche Leistung, die nicht so gut war. Aber eventuell ist das genau der Grund, warum derjenige zum Abteilungsleiter gewählt wurde: Er ist zwar fachlich nicht überdurchschnittlich, hat aber vielleicht stärkere Führungsqualitäten.

Beruf und Privat sind untrennbar miteinander verbunden: Das Privatleben beeinflusst den Beruf und der berufliche Alltag wird ins Private »mitgenommen«. Wirklich abzuschalten gelingt den wenigsten. Wie kommt man dann auf die Idee, dass wir Emotionen und Verstand oder Privates von Beruflichem trennen könnten? Berufliche Emotionen beschäftigen uns wie private Gedanken ständig, beides ist nicht nach einer bestimmten Tageszeit trennbar. Im Privat- wie im Berufsleben gilt: Warum sollten wir immer rationale Entscheidungen treffen, obwohl alle unsere Erfahrungen genau dagegensprechen?

Beispiel Emotionen: Emotionen spielen nicht nur eine Rolle bei Entscheidungen und damit bei der Sinnfindung, sondern beeinflussen auch stark unsere Zufriedenheit, weil wir uns stark von ihnen leiten lassen. »Nimm die Sache nicht so persönlich«, ist ein Ratschlag, den man im Berufsleben häufig hört. Aber wie schwer es ist, Vernunft und Emotion zu trennen, zeigt eindrücklich das Beispiel mit dem Liebeskummer. Jeder, der sich an seinen ersten Liebeskummer erinnert oder pubertierende Kinder hat, weiß: Die Vernunft spricht für die Trennung, aber das Herz schmerzt.

Wem ist eine befriedigende Trennung dieser beiden Ebenen schon erfolgreich gelungen? Erst die Zeit ermöglicht tatsächlich eine Verschiebung der Bewertung dieser beiden Ebenen. Bis zum nächsten gleich starken Erlebnis. Den Ärger oder die

Unzufriedenheit, den einige Menschen am Arbeitsplatz erleben oder empfinden, können sie zwar unter Umständen intellektuell analysieren und verstehen, aber die Emotion ist dabei schwer zu verändern, solange die – der Emotion zugrunde liegenden – Bedürfnisse nicht befriedigt sind.

Ein weniger emotionales Beispiel ist das »Zu nahe auf die Pelle rücken«. Jeder Mensch hat eine gewisse Distanzzone zu anderen Menschen. Und jeder Mensch reagiert auf eine Verletzung dieser Distanz. Wenn jemand am Arbeitsplatz bei seinem Kollegen die persönliche oder gar intime Distanzzone verletzt, wird er sofort an der Reaktion merken, dass wir nicht ausschließlich über die Vernunft gesteuerte Wesen sind.

Kapitel 12

Wirtschaftsfaktor Sinn

Der Wunsch von Mitarbeitern, dass Führungskräfte ihre Kommunikation mit ihnen verbessern, steht bei Befragungen zum Thema Mitarbeiterzufriedenheit meist an oberster Stelle. Jeder Unternehmer kennt es aus eigener Erfahrung: Arbeitnehmer können scheinbar nie genug Information über Maßnahmen und Veränderungen im Unternehmen erhalten.

Was ist die Ursache für diese »Sucht« nach Information? Die Antwort ist einfach: die Suche nach dem Sinn dieser Maßnahmen. *Wenn der Sinn nachvollziehbar ist, sind keine weiteren Informationen nötig, so lange, bis sich dem Sinn widersprechende Veränderungen ergeben. Dann ist neue Information nötig.* Arbeitnehmer wollen also plausible Erklärungsmuster dafür, warum sie auf welche Weise in einem Unternehmen arbeiten. Die Tatsache, dass der Lebensunterhalt bestritten werden muss, kann als einziger Grund nicht gelten, weil es dann keinen Grund gäbe, genau bei diesem Unternehmen zu arbeiten und Geld zu verdienen. Deshalb sollten Arbeitnehmer, die einer sinnvollen Tätigkeit nachgehen wollen, Sinnstrukturen in »ihrem« Unternehmen einfordern. Dazu gehört u. a. auch die Antwort auf die Frage, warum man diesen und keinen anderen Job im Unternehmen macht und inwieweit diese Tätigkeit in den Gesamtzusammenhang des Unternehmenserfolges eingebunden ist.

Eine aktuelle Möglichkeit für Unternehmen, Sinn zu vermitteln, besteht darin, ihre soziale Verantwortung aufzugreifen. Immer mehr Unternehmen entdecken Themen wie Nachhaltigkeit, Corporate Citizenship, Corporate Social Responsibility (CSR), Sozialsponsoring o. Ä., was dazu führt, dass in großen Unternehmen bereits eigene CSR-Abteilungen eingerichtet werden. Bei einigen Firmen scheint die PR-Wirkung, die sie damit erzeugen wollen, im Vordergrund zu stehen, denn der messbare Ertrag steht auch hier an erster Stelle. Wird jedoch berücksichtigt, dass Unternehmen durch diese Angebote zur Sinnfindung ihrer Arbeitnehmer und auch der Kunden beitragen, kann sich schnell ein Geschäfts- und Erfolgsmodell daraus entwickeln. *Soziale Verantwortung schafft Sinn.*

Firmen und Arbeitnehmer können dadurch einen Vorteil darin erkennen, dass man einen Großteil seiner Lebenszeit mit Arbeit verbringt. Wenn diese Arbeit als sinnvoll wahrgenommen wird, weil man z. B. zu etwas so Wichtigem wie sozialer Verantwortung beiträgt, dann erlebt man die Arbeit auch weniger als Last. Sinngebende Konzepte wie Nachhaltigkeit könnten sogar zu einem Wirtschaftsfaktor für die Unternehmen werden, weil die Arbeitnehmer sich mit den Unternehmen stärker identifizieren würden.

Die wenigsten engagieren sich freiwillig – also ohne »Schmerzensgeld« – für eine Aufgabe, die ihnen nicht sinnvoll erscheint, weil sie nicht in ihre Lebenssituation oder Lebensphase passt. Wenn Arbeitnehmer in der Lage sind, ihre Arbeit als sinnvoll zu erachten, wenn Unternehmen durch die von ihnen gesetzten Rahmenbedingungen dies fördern, wird neben dem Engagement auch die Produktivität der Unternehmen steigen. Ziel eines Unternehmens müsste es eigentlich sein, dass die Mitarbeiter ihren Job nicht als Arbeit, sondern als Lebensaufgabe sehen und meinen, eine sinnvolle und lebenserfüllende Tätigkeit zu verrichten.

Mitarbeiter möchten Zufriedenheit. Aber Zufriedenheit korreliert nicht mit Wohlstand, wie das Allensbacher Institut seit über 50 Jahren regelmäßig durch Umfragen herausfindet, sondern mit werteorientiertem Handeln. Mitarbeiter, die mit ihrer Arbeit zufrieden sind, fühlen sich ihrer Firma emotional verbunden. Das amerikanische Gallup-Institut hat herausgefunden, dass 77 Prozent der emotional stark an das Unternehmen gebundenen Mitarbeiter die Firma und deren Produkte oder Dienstleistungen neuen Mitarbeitern und/oder Kunden weiterempfehlen. So zählen in Deutschland nur ca. 13 Prozent der Mitarbeiter zu der Gruppe der hoch emotional gebundenen. Etwa zwei Drittel der Beschäftigten machen »Dienst nach Vorschrift«, ca. 20 Prozent (!) haben innerlich bereits gekündigt.

Mitarbeiter mit einer sinnvollen Aufgabe sind engagierter und engagierte Mitarbeiter empfehlen der Gallup-Umfragen zufolge ihren Arbeitgeber und dessen Produkte und Dienstleistungen dreimal so häufig wie demotivierte Mitarbeiter, was die beste und zugleich eine kostenlose Werbung für Unternehmen darstellt. Gerade im Mittelstand ist die persönliche Empfehlung häufig das effektivste Werbemittel. Viele Firmen und Firmenchefs haben dieses Potenzial noch nicht erkannt. Es entgeht ihnen eine Riesenchance.

Für das Geschäftsleben bedeutet das, dass Qualität und soziale Verantwortung nicht zwei Seiten einer Medaille sind, sondern ein und dieselbe. Aus diesem Grund sind die genannten Konzepte Nachhaltigkeit, Corporate Citizenship, Corporate Social Responsibility (CSR) nicht nur sinnstiftend, sondern können für die Unternehmen eine effiziente und kostengünstige Werbung sein und zu besserer Qualität der Produkte und Dienstleistungen verhelfen.

Wenn Kostensenkung und Gewinn die einzigen Ziele eines Unternehmens sind und nicht dessen Produkte oder Dienstleistung den Sinn und die Daseinsberechtigung des Unternehmens ausmachen, ist es aus Sicht der Arbeitnehmer verständlich, wenn sie ihr Engagement in andere Richtungen, die ihnen sinnvoller erscheinen, lenken, also etwa in ehrenamtliche Tätigkeiten. Engagement und Effizienz der Arbeitnehmer kann nur erwartet werden, wenn es sich lohnt, sich für etwas zu engagieren. Mit höheren Gehältern kann man nur diejenigen locken, deren Ziel entweder ebenfalls Geld ist oder die ihren nicht erreichten Wunsch nach einer sinnvollen Tätigkeit durch »Schmerzensgeld« lindern lassen.

Zwischenbilanz:

Seinen Arbeitnehmern sinnvolle Beschäftigung durch eine Orientierung an sozialer Verantwortung zu ermöglichen, kann ein Geschäftsmodell sein, das den Mittelstand glaubwürdig von reinen shareholder-value-geleiteten Konzernen unterscheiden kann. Dadurch wird Mitarbeitern einerseits Sinn und Zufriedenheit bei ihrer Arbeit verschafft und andererseits stellt dies eine Werbung für ihr Unternehmen dar, ohne dass Zusatzkosten anfallen.

Wie sinnvolle Arbeit andere ansteckt

Obwohl er nur ein Konstrukt der Wirtschaftswissenschaften darstellt, scheint die Idee vom Homo Oeconomicus, diesem vernunftgesteuerten Wesen, in einigen Unternehmen immer noch lebendig zu sein. Arbeitnehmer sollen nach seinen Vorstellungen möglichst so optimiert werden können, wie sie es aus dem process-engineering im Maschinenbereich kennen: Hier etwas mehr reinstecken, dort etwas mehr rausholen.

Es ist wahrscheinlich inzwischen allgemein bekannt, dass Stärken der Mitarbeiter gefördert gehören und nicht an ihren Schwächen herumgedoktert werden soll. Denn nur die Stärken der Einzelnen bringen die Arbeitsgemeinschaft weiter, und jemand, der an seinen Schwächen arbeitet, wird sich zwar verbessern, allerdings niemals so gut sein wie der, der sich auf einem Gebiet, das er ohnehin beherrscht, weiter verbessert. Aber was machen Unternehmen, wenn ein Fehler passiert, wenn es ihnen wirtschaftlich einmal nicht so geht wie geplant oder wie es von der Unternehmensleitung vorgegeben wurde? Es kommt zu einem Rückfall in alte Muster: Der Schuldige wird gesucht, bestimmt und zur Rechenschaft gezogen. Anstatt gemeinsam nach vorne zu schauen, wie die gemeinsamen Stärken noch ausgebaut werden könnten. Die Situation in der gegenwärtigen weltweiten Wirtschaftskrise ist ähnlich. Anstatt auch positive Stimmungen zuzulassen und nach vorne zu schauen, werden Mitarbeiter gekündigt, Budgets gekürzt und – wie in Krisenzeiten üblich – die Schuldigen für die Finanzmisere gesucht.

Sinn kann sich im Laufe der Zeit verändern. Mit den Menschen entwickelt und verändert sich auch das, was sie als sinnvoll erachten. Das bedeutet auch, dass sich Aufgaben in Unternehmen ändern können. Viel zu oft werden in Unternehmen Stellen statisch besetzt. Jemand, der eine Stelle einmal innehat, wird mit ihr quasi verbunden. Ein Wechsel der Aufgabe ist in vielen Unternehmen daher nicht leicht und läuft über formale interne Bewerbungsverfahren. Hier könnte die Personalentwicklung in Unternehmen gestärkt werden, wenn sie bessere, jeweils aktuelle Informationen über die Mitarbeiter verfügbar hätte, um so den Bedürfnissen der Mitarbeiter entsprechend unterschiedliche Aufgaben zu verteilen. Das erfordert auch nur auf den ersten Blick mehr Organisationsarbeit. Man muss zwar häufiger in Kontakt zueinander treten, um die Informationen aktuell zu halten, der Vorteil ist aber, dass dadurch die Kommunikation ständig stattfindet und nicht nur einmal im Jahr bei Zielvereinbarungs- oder Mitarbeitergesprächen in künstlich geschaffenen Situationen. Das Unternehmen erhält durch die regelmäßige Kommunikation auch Informationen, die nicht direkt mit dem Arbeitsplatz zu tun haben, und kann diese als wichtiges Feedback nutzen.

Wer einer sinnvollen und befriedigenden Tätigkeit nachgehen will, sollte auch darauf achten, dass das Unternehmen, für das er arbeitet, eine Unternehmenskultur aufweist, die diesen Wunsch unterstützt. Wenn die Unternehmen Sinnstrukturen schaffen, dann ermöglichen sie Mitarbeitern, Unsicherheiten stärker auszuhalten, zufriedener zu handeln und schneller zu entscheiden. Eine Sinnstruktur ist keine eigene Abteilung, kein Organigramm, sondern eine Struktur (ähnlich der Kommunikationsstruktur), an der Mitarbeiter erkennen, dass sie einer sinnvollen Tätigkeit nachgehen, und dies der Firmenleitung bewusst ist.

Sinnstrukturen schaffen ist also ein wichtiger Schritt, der zur Zufriedenheit in Unternehmen führen kann, da der überwiegende Teil aller Arbeitnehmer einer sinnvollen Tätigkeit nachgehen möchte. Die Fähigkeit, Sinn in einer Situation zu erkennen, bietet neben der Orientierung auch die Motivation, die jeweiligen Ziele zu erreichen. Der Austausch über das vorhandene Wissen ist in besonderem Maß für größere Unternehmen nötig, weil sich in diesen Unternehmen – wie der Sozialwissenschaftler Helmut Willke es beschreibt – »schnell und unkontrolliert scheinbare Selbstverständlichkeiten, anonyme Erwartungen, scheinbar geteilte Überzeugungen, zugeschriebene Konsense, scheinbar offizielle Regeln, Mythen etc. bilden, die als implizite

Annahmen herumschwirren. Sie sind deshalb schwer auszumachen und zu koordinieren, weil sie nicht offenliegen, sondern unterschwellig wirken«.[25]

Dabei wäre es kein Luxus für die Unternehmen, wenn die Arbeitnehmer Sinn in ihrer Arbeit erfahren würden. Ganz im Gegenteil: Wären die Mitarbeiter stärker in die Arbeitsprozesse eingebunden, würden sich die Unternehmer wieder daran erinnern, dass das Unternehmen kein abstrakter Begriff ist, sondern v. a. aus den Mitarbeitern besteht. Dann wäre das Urprinzip der Arbeitsteilung wiederhergestellt: Gemeinsam eine Aufgabe bewältigen, die einer alleine nicht bewältigen kann. Was sollten die Mitarbeiter ohne Unternehmer machen, was sollte der Unternehmer ohne die Mitarbeiter machen? In Krisenzeiten erinnern sich die Eigentümer gerne daran, dass auch die Mitarbeiter Verantwortung für das Unternehmen haben, was sich in Gehaltskürzungen, Kurzarbeit oder im schlimmsten Fall der Kündigung zeigt. Aber erinnern sie sich daran auch bei der Verwendung der Gewinne?

Wenn sich Unternehmen und Arbeitnehmer bewusst sind, dass der Wunsch, eine sinnvolle Tätigkeit auszuüben, ein wichtiges Bedürfnis des Menschen ist, dann kann dies zum Vorteil aller Beteiligten genutzt werden:

- Arbeitnehmer, die einen Sinn erkennen, sind motivierter bei der Arbeit,
- die Qualität der Produkte und Dienstleistungen steigt, weil Menschen, die Sinn in ihrer Arbeit sehen, sich mit dem Unternehmen stärker verbunden fühlen, sich deshalb stärker mit dem Unternehmen identifizieren und aus diesen Gründen von sich aus an hoher Qualität interessiert sind,
- die Arbeitnehmer sind zufriedener, erfahren deshalb weniger Stress und sind weniger für psychische und psychosomatische Erkrankungen anfällig,
- die Unternehmen sind innovativer, weil sie den kreativen Faktor der Mitarbeiter stärker einbeziehen,

- Hat man als Arbeitnehmer Sinn für die jeweilige Situation gefunden, trägt man bereitwillig die Konsequenzen für seine Entscheidungen, weil man dadurch einem wichtigen persönlichen Ziel näher kommt. Dann nimmt man selbst eher unangenehme Reaktionen auf seine Entscheidungen in Kauf. Das ist unter Umständen ein Indikator, ob der Weg, den man geht, richtig ist: »Wie stark stehe ich hinter meiner Entscheidung?«

Sinnvolle Arbeit lohnt sich doppelt

Werte- oder sinnorientiert zu leben bedeutet: Kurzfristige Bedürfnisbefriedigung wird zugunsten einer langfristigen Zielerreichung zurückgestellt. Das ist gar nicht so einfach. Kinder wollen meist lieber spielen als Hausaufgaben machen. Raucher kennen dies genauso wie diejenigen, die das langfristige Ziel der Diät wegen eines Schokoriegels kurzfristig aus den Augen verlieren. Viele opfern dem kurzfristigen Triumph der Genugtuung eine langfristige Befriedigung. Werteorientiert leben bedeutet, dass das momentane Ziel in ein späteres eingebunden sein muss. Weder das momentane noch das spätere Ziel dürfen zu stark fixiert sein, wenn Spielräume oder Anpassungen möglich bleiben sollen. Engt jemand sein Ziel zu stark ein, ist auch der Spielraum auf dem Weg dorthin sehr schmal. Wenn die Richtung, das erwartete Ergebnis oder das Ziel nur grob festgelegt sind, kann er sich freier bewegen und immer wieder den Weg überprüfen und sich anpassen. Die wenigsten Ziele erreicht man über den direkten Weg. Man muss Umwege machen, die mitunter als Rückschläge empfunden werden, tatsächlich aber Teil der Erfahrung und ein Stück des richtigen Wegs zum Ziel sind.

Kinder – und auch für Erwachsene gilt dies – lernen Spielregeln am besten, indem sie spielen, also nicht aus der Theorie. Man kann Engagement oder soziale Kompetenz nicht lernen, sondern muss sie üben. Ein Vortrag über soziale Kompetenz in einem Unternehmen oder sinnvolles Handeln reicht nicht – Mitarbeiter und Firmenleitung müssen es regelmäßig üben. Genauso lernen Kinder, was gesellschaftlich anerkannten Sinn erzeugt, nicht durch Theorien, sondern wenn Vorbilder – Eltern und Lehrer sowie andere Mitglieder der Gesellschaft – Sinnorientierung vorleben.

Der langfristige Nutzen von Werten muss höher angesehen werden als der kurzfristige, damit die Bedürfnisbefriedigung für den Moment hinter die langfristige Zielerreichung zurückgestellt wird. Diese jeweils persönliche Kosten-Nutzen-Analyse beruht auf Erfahrungen, welche die Individuen bis zum Zeitpunkt des aktuellen Entscheidungserfordernisses gemacht haben. Bedingungen für derartige Erfahrungen können sowohl von Elternhaus und Schule als auch von Unternehmen gesteuert werden. In die persönliche Kosten-Nutzen-Analyse fließen also Erfahrungen ein.

Der Faktor Sinn wird sowohl in der persönlichen Kosten-Nutzen-Analyse von Arbeitnehmern als auch in der Analyse von Unternehmen zu oft unterbewertet. Mit der Aussage »Arbeit muss sich lohnen« ist heutzutage oft nur noch der monetäre Aspekt gemeint. Vielleicht weil er so einfach zu messen und damit zu vergleichen ist. Für ehrenamtlich Tätige lohnt sich ihre Arbeit auch ohne messbare Faktoren; sie werden durch die Taten selbst und die Reaktionen der Unterstützten belohnt. Beide Aspekte des »Lohnens« müssen in die persönliche Kosten-Nutzen-Analysen wieder einbezogen werden, damit Engagement und Zufriedenheit in den Unternehmen wieder steigen.

In der am 15. Mai 2008 auf dem Karriereportal Monster.de veröffentlichten Umfrage, die zwar nicht repräsentativ ist, aber weltweit durchgeführt wurde, würden 76 Prozent der Befragten finanzielle Einbußen in Kauf nehmen, wenn sie in ihrem Traumjob arbeiten könnten. Für nur 24 Prozent ist das Gehalt der ausschlaggebende Faktor, die Arbeitsstelle zu wechseln. »Lohnen« hat also nicht nur mit »Lohn« zu tun.

Werte haben nicht nur mit Zielen zu tun, die jemand erreichen will, und damit, dass man etwas lässt, um etwas anderes zu erreichen.

Werte haben auch etwas mit Bewertung zu tun. Die Frage, die sich jeder stellen kann, ist nicht nur: »Was ist mir wichtig?«, sondern auch »Ist das kurzfristige Ziel wichtiger als ein langfristiges Ziel?« Dadurch erhält man eine Bewertung seiner Werte.

Beispiel Besinnung auf langfristige Werte und Verzicht auf kurzfristige Zielerreichung: Der Oscar-prämierte Film »Das Leben der Anderen« zeigt in eindringlicher Weise die Be*sinnung* des Protagonisten – dargestellt durch Ulrich Mühe – und wie er langsam Zweifel bekommt, ob die von ihm durchgeführte Dauerüberwachung eines Schriftstellers in der ehemaligen DDR noch mit seinen persönlichen Werten übereinstimmt und für ihn noch Sinn ergibt. Er entschließt sich deshalb, die Überwachungsprotokolle zugunsten des Schriftstellers zu verändern, und rettet den Schriftsteller so vor der Verfolgung und Sanktionierung durch die Stasi. Dafür nimmt der Protagonist sogar negative Folgen für sich persönlich in Kauf. Aber auf seine persönliche Zufriedenheit scheint dies keinen Einfluss zu haben, denn er hat seinem Sinn nach entsprechend gehandelt. Die weltweite Aufmerksamkeit, die dieser Film erfahren hat, zeigt, dass diese Art der Besinnung auf qualitative Werte immer aktuell ist und die Menschen im tiefsten Innern bewegt und motiviert.

Sinnvolles Wechselspiel

Es sei an dieser Stelle noch einmal betont, dass sinnvolle Arbeit weder dem Arbeitnehmer noch den Unternehmen allein zugeschrieben werden kann. Es ist wieder ein Beispiel dafür, dass die soziale Welt nicht digital, sondern vielfältig ist. Es ist also auch die Aufgabe des Einzelnen, Sinn in seiner Tätigkeit zu suchen und zu finden, wenn er

Zufriedenheit in seiner Arbeit finden will. Es ist ein Wechselspiel. Ein Beruf, der gesellschaftlich als hochgradig sinnvoll angesehen wird, ist der Beruf des Lehrers. Trotzdem gibt es in diesem Berufsstand zahlreiche Menschen, die am Burn-out-Syndrom leiden oder vorzeitig in den Ruhestand gehen. Übrigens gibt es in Deutschland mehrere Kliniken, die sich u. a. besonders auf diese Klientel spezialisiert haben.

Zu den verschiedenen Ursachen der hohen Burn-out-Rate gehört auch die mangelnde Fähigkeit oder Bereitschaft, Sinn in der Arbeit zu sehen. Von den Absolventen eines Lehramtsstudiums fühlt sich jeder Zehnte bereits nach vier Jahren im Beruf überfordert. Aus den Ergebnissen der Studie des Erziehungswissenschafters der Goethe-Universität in Frankfurt/Main, Udo Rauin, die über 1000 Personen vom Studium zum Beruf begleitet hat und Anfang 2008 vorgestellt wurde, geht hervor, dass bei 35 Prozent der Befragten pragmatische Motive bei der Berufswahl überwiegen. 27 Prozent schätzen ihre persönliche Befähigung für den Beruf eher skeptisch ein und 38 Prozent zählen sich zu den »Engagierten«, deren Berufswunsch es war, Lehrer zu werden.

> »Die oft vertretene These, besonders engagierte Lehrkräfte seien wegen der Diskrepanz zwischen selbst gesteckten Zielen und beruflicher Realität anfällig, im Beruf ›auszubrennen‹, ließ sich nicht bestätigen. Vielmehr waren etwa 60 Prozent derer, die sich nicht gewachsen fühlten, schon im Studium überfordert und wenig engagiert. Aus der größeren Gruppe der engagierten Studierenden sahen sich dagegen nur zehn Prozent überlastet. (…) Mit anderen Worten – die über besondere Belastungen Klagenden haben vermutlich nie ›gebrannt‹.«[26]

»Nie gebrannt« kann man damit übersetzen: »Sie haben nie einen Sinn in ihrer Arbeit gesehen.« Wenn es ein Unternehmen in Kauf nimmt, Pragmatiker oder Personen einzustellen, für die die angefragte Tätigkeit eine Notlösung darstellt, darf sich die Firmenleitung über mangelndes Engagement nicht wundern. Nur Personen einzustellen, damit die Nachfrage des Marktes befriedigt werden kann, führt schnell zu einem Mangel an Qualität oder einer hohen Rate von Krankenständen, wenn die Mitarbeiter nicht engagiert genug sind, weil sie zuwenig Sinn in ihrer Tätigkeit sehen. Die Variablen, die einen Zusammenhang zwischen Qualität, Engagement der Mitarbeiter, Kundenzufriedenheit und eigener Marktpräsenz herstellen könnten, sind mit den üblichen von den Unternehmen erhobenen Daten nicht direkt messbar. Ein plausibler Zusammenhang kann daher derzeit nur vermutet werden.

Wie gesagt, wird ein Unternehmen Arbeitnehmer ohnehin nicht extrinsisch, also von außen, motivieren können. Es kann jedoch die Bedingungen für Motivation verbessern. Und es muss darauf achten, engagierte Arbeitnehmer nicht durch weniger engagierte Kollegen zu frustrieren. Dass dies aber faktisch geschieht, illustriert die schon mehrfach erwähnte Gallup-Studie, nach der nicht einmal jeder fünfte Arbeitnehmer in seinem Unternehmen engagiert ist. »Engagement« lässt sich nicht direkt mit »Sinn« gleichsetzen, sonst bräuchte man diese beiden Begriffe nicht. Betrachtet man aber den hohen Wunsch nach einer sinnvollen Tätigkeit mit dem hohen Anteil derer, die ehrenamtlichen Tätigkeiten nachgehen, dann liegt der Zusammenhang zwischen Sinn und Engagement auf der Hand.

Die Ergebnisse der Lehrerstudie lassen sich durchaus mit Daten aus anderen Untersuchungen vergleichen und sie erklären Engagement und »Dienst nach Vorschrift« noch etwas deutlicher. Der Schluss liegt nahe, dass es bei anderen Berufsgruppen zu ähnlichen Ergebnissen kommen würde. Das »Ausbrennen« eines Arbeitnehmers ist vorhersehbar, wenn er einen Beruf wählt, der nicht seiner Berufung entspricht. Für Unternehmen bedeutet das, auch nicht nur fachliche Eignungen ihrer Kandidaten noch viel stärker zu überprüfen, sondern auch zu versuchen, deutlich mehr über die Wahl des Berufs und dessen Motive zu erfahren. Erklärungen zu ungeraden Lebensläufen, die heute durch »Storytelling« oft geglättet werden, gehören genauso dazu wie die intensive Befragung und v. a. Beobachtung während der Probezeit.

Lernen aus der Steinzeit

Gehen wir in die Urzeit der Menschheit zurück. Irgendwann vor ein paar tausend Jahren ist wahrscheinlich eine Gruppe von Jägern, die auf Paarhufer spezialisiert war, ein Tauschgeschäft mit einer anderen Gruppe eingegangen, die sich auf das Fangen von Flussfischen spezialisiert hatte. Getauscht wurde vielleicht ein Kilo Fleisch gegen ein Kilo Fisch. Dann ist jemand auf die Idee gekommen, den Aufwand der Jagd gegen den Aufwand des Fischens zu stellen. Für einen Paarhufer war die Gruppe drei Tage unterwegs, für eine Bachforelle brauchte ein einzelner Jäger nur einen Tag. Also wurden 300 Gramm Fleisch gegen ein Kilo Fisch getauscht.

Die Menschen fingen an, die Güter unterschiedlich zu bewerten. Die Erfindung des Geldes ermöglichte die Abstraktion des Wertes dieser Güter. Gleichzeitig wurde in den Gemeinschaften immer stärker die Arbeitsteilung forciert. Diejenigen, die nicht so gut jagen konnten, blieben am Gemeinschaftsplatz zurück und bauten Unterkünfte. Diese bauten sie auch für die Jäger, wofür sie als Gegenleistung Fleisch bekamen. Andere bauten essbare Pflanzen an. Wiederum andere konnten ausgerenkte Wirbel am anatomisch dafür vorgesehenen Ort justieren. Manche konnten Wildpflanzen und Pilze gut unterscheiden: In diejenigen, die man immer essen kann, und in jene, die man, wie der Überlebenskünstler Rüdiger Nehberg sagen würde, nur einmal essen kann.

Die Gemeinschaften spezialisierten sich über die Jahrtausende zunehmend. Eigentlich eine wünschenswerte Entwicklung, da so jeder seine Talente optimal für die jeweilige Gemeinschaft einsetzen kann. Dieses Prinzip empfehlen auch alle Management-Ratgeber und Lebenshilfebücher: Stärken zu fördern und Schwächen durch andere Gruppenmitglieder ausgleichen zu lassen, zumindest solange die Schwächen nicht sozial unverträglich sind.

Aber sind archaische Jagdgemeinschaften mit modernen, komplexen, teils weltweit vernetzten Wirtschaftsunternehmen vergleichbar?

Ja, und zwar im Bereich der oben dargestellten Emotionen von Menschen in den Unternehmen: In der Art und Weise, wie die Menschen sich seit jeher zueinander emotional verhalten.

Dass sich die Anzahl von Ausbildungsplätzen nicht immer an den Bedürfnissen der Arbeitnehmer orientiert, zeigt die sich oftmals als falsch erweisende Grundannahme, dass Arbeit in erster Linie dem Lebenserhalt diene. Arbeit ist natürlich mehr, und jene, die ihre Berufung zum Beruf gemacht haben, sind meist deutlich zufriedener. Wie oft haben Menschen sich für einen für sie falschen Beruf ausbilden lassen, nur weil hinterher der Arbeitsplatz sicher schien. Aber da auch Politiker und Unternehmer nicht in die Zukunft sehen können, leiten sie oft irrtümlich zukünftigen Bedarf aus der jeweils aktuellen Situation ab. Und so kommt es in regelmäßigen Zyklen von der Lehrerschwemme zum Lehrermangel, vom Ärzteüberschuss zum Medizinermangel, vom sicheren Betriebswirtschaftsstudium zum unsicheren Betriebswirt, der nach dem Abschluss eine Coachingausbildung machen muss.

Wieso gibt es eigentlich so oft einen Fachkräftemangel? Und wieso gibt es selbst in auf den ersten Blick sinnvollen Bereichen wie Altenpflege oder Krankenversorgung Engpässe beim Nachwuchs? Dies hängt zu einem großen Teil mit der Anerkennung und der Wahrnehmung in unserer Gesellschaft zusammen. Wenn durch die Medien suggeriert wird, dass nur derjenige »in« ist, der jung und gesund, stark und schön ist, dann werden Realitäten wie alt und krank schnell ausgeblendet. Und wer in einem ausgeblendeten Bereich arbeitet, der gehört natürlich nicht »dazu«.

Sinnvolle Arbeit erfordert sinnvolles Teilen

Unternehmen sind entwicklungsgeschichtlich gegründet worden, weil ein Einzelner die Arbeiten, die im Unternehmen anfallen, nicht bewältigen kann. Arbeitsteilung ermöglicht, die Stärken der Starken, die Kreativität der Kreativen, den Erfindungsgeist der Erfinder etc. gemeinsam zu nutzen und einen Mehrwert daraus zu generieren. Ein Einzelner kann selten so viel erreichen wie ein gut aufgestelltes Unternehmen. Selbst Bill Gates konnte nur so viel erreichen, weil er sein Wissen geteilt hat. Aber wie ist es mit der Aufteilung des Gewinns? Als Gegenargument zum Gewinn wird oft das Risiko genannt. Wie ist es aber möglich, dass einige wenige Menschen so viel investieren können? Weil die Gewinne schon seit Generationen nicht immer an alle Beteiligten gleichermaßen ausgeschüttet wurden, sondern eben nur an den besitzenden Teil.

Die Gewinne der Inhabergenerationen sind zu ungleichen Teilen an die Unternehmer und die Mitarbeiter ausgeschüttet worden. Mit welcher ausgedachten Begründung auch immer. Diejenigen, die die Gewinne ermöglicht haben, wurden selten an diesen Gewinnen beteiligt. Genauso wie in einigen Unternehmen die Tätigkeit im Vertrieb oft höher bewertet wird als im Einkauf, die Entwicklung höher als die Abwicklung, und nicht erkannt und umgesetzt wird, dass der Entwickler ohne den Abwickler, der Verkäufer ohne die Mannschaft dahinter nichts ausrichten kann. Die Sinnfindung und Identifizierung der Mitarbeiter wird deshalb unterschiedlich ausfallen.

Der Reichtum einiger Unternehmer wird als selbstverständlich hingenommen, aber dieser Reichtum basiert nicht auf eigener Arbeit, sondern auf der Verteilungsmentalität, die sich über Generationen fortgepflanzt hat. Was gemeinsam als Unternehmen erarbeitet wurde, weil der Ideengeber, der Unternehmer es allein nicht vollbringen konnte, sondern nur in der Gemeinschaft, wird mit dieser Gemeinschaft nicht geteilt, wie es bearbeitet wurde. Die Arbeiten werden unterschiedlich bewertet und damit auch unterschiedlich vergütet. Selbst wenn einige Tätigkeiten nur sehr selten vorhandene Fähigkeiten voraussetzen, welche im System von Angebot und Nachfrage teuer sind, wäre zu überlegen, was derjenige mit seinen besonderen Fähigkeiten anfängt, wenn er nicht die Unterstützung der anderen hätte.

Diese Diskrepanz erlebt derzeit auf dem internationalen Markt seinen Höhepunkt. US-Banker erhalten Provisionen, obwohl ihre Banken knapp dem finanziellen Ruin entgangen sind, nur weil es zum Betriebsschema gehört, dass die Führungsebene das Leben mit Provisionen versüßt bekommt. Der »Guardian« berichtete am 17. Oktober 2008, dass Angestellte und Manager von sechs der größten US-Banken 2008 Bonuszahlungen für ihre erzielten Erfolge in Höhe von 70 Milliarden Dollar erhalten sollten – was zu diesem Zeitpunkt ein Zehntel der Summe des US-Rettungspakets gewesen wäre. Laut »Guardian« hätten die Mitarbeiter von Morgan Stanley 10,7 Milliarden Dollar an Bonuszahlungen erhalten, womit sie zusammen gleich die Bank hätten aufkaufen können. Vorstände, die ohne ihre Mitarbeiter keine Vorstände wären, erhalten Millionengehälter und entlassen diejenigen, die den Gewinn erarbeitet haben, um ihren eigenen auch in Zukunft nicht zu gefährden. Damit riskieren sie in der breiten Öffentlichkeit einen Ansehensverlust für das Unternehmen. Dem Manager ist das freilich egal, weil er bereits mit einer hohen Abfindung abgelöst wurde, um in einem anderen Unternehmen das Spiel von vorne zu beginnen.

Auf diese Weise Mitarbeiter an ein Unternehmen zu binden, dürfte schwerfallen. Denn die Diskrepanz zwischen Glaubwürdigkeit und Handeln wird von den Mitarbeitern – bewusst oder unbewusst – wahrgenommen und führt zu einem allgemein mangelnden Engagement.

Wenn wir auf das urzeitliche Eingangsbeispiel zum Beginn der Arbeitsteilung zurückkommen, dann wird im übertragenen Sinne heutzutage in den Unternehmen zwar auch noch gemeinsam »gejagt«, aber die Beute wird anders verteilt. Der Vertrieb verdient mehr, weil er den Kunden schließlich entdeckt und angepirscht hat. Aber was sollte der Vertrieb machen, wenn er niemanden hat, der den Auftrag abwickeln kann? Dadurch, dass die Vertriebsmitarbeiter schon rein beruflich besser verhandeln können als die Abwickler, können sie auch bei ihren eigenen Gehaltsgesprächen besser verhandeln als diese. Und schon scheint ihre Arbeit mehr wert, weil sie höher vergütet wird. Und der Unternehmer? Er trägt schließlich die Verantwortung. Und wenn einige untereinander die »Beute« so aufteilen, dass für einige, die bei der Jagd geholfen haben, nicht mehr genug übrig ist? Dann werden sie heutzutage entlassen. Nicht mit dem Hinweis, die Beute wurde ungerecht verteilt, sondern mit der Aussage, das Unternehmen müsse zum Erlegen der nächsten Beute Rücklagen bilden; also wird das Fleisch nicht verteilt, sondern konserviert, um es als Reiseproviant für die nächste Jagd zu behalten. An sich eine hervorragende Idee. Aber inzwischen wird so viel Proviant zurückbehalten, dass der Einzelne es nicht einmal in mehreren hundert Jahren aufessen könnte. Doch diejenigen, die an der Jagd teilgenommen haben, werden nicht am Ertrag beteiligt. Ohne das geringste Unrechtsbewusstsein derjenigen, die für die Verteilung verantwortlich sind.

Wissen, dass man gebraucht wird

Studien zeigen deutlich, dass für Zufriedenheit im Arbeitsleben das Gefühl vorhanden sein muss, durch seine Tätigkeit gebraucht zu werden. *Gebraucht zu werden erzeugt Sinn.* Der Arbeitnehmer bekommt dadurch die Bestätigung und Anerkennung, ein Bestandteil der Gemeinschaft und des Unternehmens zu sein. Daraus erklärt sich die Empörung, die Unternehmen wie etwa Nokia nach der Schließung des Werks in Bochum ausgelöst haben, umso deutlicher: Die Unternehmer signalisieren, dass sie zwar die Gewinne wollen, aber nicht die Mitarbeiter, die diese Gewinne erwirtschaften. Die Arbeit bei Nokia – so wird ganz deutlich signalisiert – hat keinen tieferen gesellschaftlichen Sinn: »Connecting People – Menschen verbinden« wird auf diese Weise als Werbebotschaft ohne Inhalt entlarvt, denn die entlassenen Mitarbeiter werden ja gerade im wahrsten Sinne des Wortes vom Unternehmen entbunden, zu »Disconnected People« gemacht.

Wie sollen Arbeitnehmer bei dem Konzern die Botschaft, Menschen zu verbinden, mit Sinn erfüllen, wenn nur zu deutlich ist, dass dieser Werbetext nur dazu verwendet werden soll, möglichst viel Ertrag für wenige Eigentümer zu erwirtschaften?

Je durchschaubarer die wirkliche Botschaft ist, desto unzufriedener werden die Arbeitnehmer und desto schwieriger wird es für Unternehmen, neue Mitarbeiter zu finden, um auf dem Markt zu bestehen.

Zwischenbilanz:

Jeder Arbeitnehmer kann sich regelmäßig daran erinnern, wie wichtig sein Beitrag für die Gesellschaft ist. Wenn mir morgens meine Bäckerin keine Brötchen verkaufen würde, müsste ich sie selbst backen. Zudem müsste ich, weil es ohne Arbeitsteilung keine Landwirte gäbe, meinen Weizen auch selbst anbauen. In Italien wird durch große Streiks regelmäßig deutlich, welch wichtigen Beitrag die Müllabfuhr für die Gesellschaft hat. Es gibt eigentlich kaum sinnlose Tätigkeiten, man muss sich das nur immer wieder bewusst machen. Die Aufteilung in »bessere« und »schlechtere« Arbeit ist wieder der beschriebene Versuch, Qualitäten zu quantifizieren. Das Gehalt ist zwar ein messbarer Faktor, aber nicht der Maßstab für die gesellschaftliche Relevanz der Tätigkeit.

Angst ist kein Motivator

Immer wieder kann man in Unternehmen erleben, wie in Krisensituationen oder bei Konflikten schnell in ein Muster verfallen wird, welches auf einem Umkehrschluss basiert: Menschen in Not und Angst sind kurzfristig so stark motiviert, dass sie dadurch fast übernatürliche Kräfte mobilisieren, um aus dieser Situation herauszukommen. Wenn man Arbeitnehmer in Angst versetzt, sind sie dann motiviert, ihre letzten Kräfte zu mobilisieren, um ihren Arbeitsplatz zu retten? Dieser Umkehrschluss ist tatsächlich häufiger in Unternehmen anzutreffen, die versuchen, ihre Mitarbeiter durch Angst vor dem Wettbewerb oder Arbeitsplatzverlust zu Höchstleistungen zu ermuntern. Doch Angst ist keine Motivation, sondern einer der größten Stress auslösenden Faktoren im Arbeitsleben.

In einem vom Autor geleiteten Strategiemeeting äußerte einst ein Unternehmenssprecher, dass er Angst vor dem Verlust des Arbeitsplatzes bewusst als »Motivator« bei seinen Mitarbeitern einsetze. Diese These wurde sogar von einigen anderen Teilnehmern der Runde insofern geteilt, als Druck für sie durchaus ein legitimes Mittel sei, Mitarbeiter zu motivieren. Als plausiblen Beleg für diese These könne das in der Öffentlichkeit herrschende Bild des Beamten genommen werden, der deshalb nicht motiviert bei der Arbeit erschiene, weil er seinen Arbeitsplatz nicht verlieren könne. Der Wahrheitswert auch dieses Umkehrschlusses ist falsch, denn es gibt viele Beamte, die hoch motiviert sind. Wie kommt es aber zu diesem oft verbreiteten Umkehrschluss mit der Angst?

Angst kann enorme Reserven mobilisieren, mit denen kurzfristig außergewöhnliche Leistungen erzielt werden können. Man kann durch Angst über sich hinauswachsen. Auch im Arbeitsleben. Deshalb glauben einige, Angst könne motivieren. Aber nach solchen Kraftakten ist eine Regeneration des Körpers und des Geistes notwendig. Häufen sich Phasen, in denen Leistungs*reserven* mobilisiert werden müssen, kommt es zur Erschöpfung oder zum Burn-out.

Der Mensch ist nicht gerade üppig mit natürlichen Waffen ausgestattet, sieht man von starken Fäusten und den Selbstverteidigungskünsten mancher ab. Der Mensch ist entwicklungsgeschichtlich ein Fluchttier. Er strebt danach, Situationen, die Angst erzeugen, zu vermeiden. Im Arbeitsleben versucht er die Angst nicht dadurch zu vermeiden, indem er probiert, bessere Lösungen für seine Arbeitsabläufe zu finden, um damit der Überlastung Herr zu werden, sondern indem er möglichst bestimmte Abläufe »vergisst« oder die Verantwortung an Kollegen oder andere Abteilungen abgibt. Da es aber im echten Leben nicht immer möglich ist, einer angsterzeugenden Situation zu entfliehen, kommt es zu disfunktionalem Stress.

Angst verhindert, dass ein Problem kreativ gelöst wird. Durch Angst wird der Mandelkern (Amygdala) im Gehirn angesprochen und das führt zu Stress, Flucht- und Panikreaktionen des Körpers. Unerwartet positive Erlebnisse führen aber deshalb zu raschen Lernerfolgen, weil das Lernzentrum des Gehirns (Nucleus accumbens) aktiviert wird, wenn etwas Sinn für uns herstellt und uns dadurch aufzeigt, wie wir handeln sollen.[27]

Wer Sinn vermittelt, schafft Motive

Werden Mitarbeiter entsprechend ihrer Lebensmotive wie Anerkennung, Neugier oder Beziehungen eingesetzt und Ziele in kleine Schritte unterteilt, so ist es leichter für die Arbeitgeber, notwendige Korrekturen einzubauen. Das hat auch den Sinn, dass, sollte etwas nicht gleich perfekt laufen, das Ganze nicht gleich als Misserfolg infrage gestellt wird. Dazu ist es aber notwendig, Mitarbeitern regelmäßig in Gesprächen den Sinn der zu erledigenden Arbeit zu vermitteln.

Sinnfindung kann nur über die Überzeugung und nicht über »Angst« funktionieren. Hier spielt auch das Selbstwertgefühl der Mitarbeiter eine Rolle. Der Sinn der Aufgabe muss vom Arbeitnehmer erkannt und – wenn er dazu nicht in der Lage ist – durch die Unternehmen vermittelt werden. In Mitarbeitergesprächen kann immer wieder geklärt werden, welche Motivationen ursprünglich bei den Arbeitnehmern vorhanden waren und welche Faktoren dazu beigetragen haben, diesen Sinn aus den Augen zu verlieren.

Wenn Arbeitnehmer unzufrieden an ihrem Arbeitsplatz sind, fehlt ihnen wahrscheinlich sowohl eine mögliche Sinnzuordnung als auch Erfolgserlebnisse. Aber warum fehlt ihnen der Erfolg? Er fehlt ihnen teils deshalb, weil die Ziele, die durch die Unternehmen vorgegeben sind, sich nicht mit den eigenen Zielen decken oder unerreichbar sind. Es könnte aber auch daran liegen, dass die Ziele nicht richtig vermittelt worden sind.

Wie ist eine Annäherung zwischen Unternehmerzielen und Arbeitnehmerzielen möglich? Hier gibt es zwei erprobte Ansätze:

1. Unterstützung bei der Sinnfindung durch Information (Offenheit und Transparenz über das Geschäft) und
2. Unterstützung bei der Sinnfindung durch das Aufzeigen von Zielen und Erfolgserlebnissen.

Diese Information beinhaltet die Konkretisierung der Ziele. Hier ist es wichtig, dass konkrete Teilziele erarbeitet werden, um bei deren Erreichung die Teilziele als motivierende Erfolgserlebnisse aufzuzeigen. Durch Information, die regelmäßig durch die Unternehmen und durch die Unternehmensleitung erfolgen sollte, muss den Arbeitnehmern aufgezeigt werden, dass z. B. bei Veränderungen keine Nachteile durch die neue Struktur entstehen.

Kapitel 13

Faktor: Arbeitsbedingungen

»Glück liegt nicht darin, dass man tut, was man mag, sondern dass man mag, was man tut«, sagt ein altes chinesisches Sprichwort. Unternehmen haben einen großen Einfluss darauf, dass man mag, was man tut.

Der amerikanische Arbeitswissenschaftler und Psychologe Frederick Herzberg hat bereits in den 1950er-Jahren in einer Studie darauf hingewiesen, dass bestimmte Faktoren in einem Unternehmen Grundbedingung sind, damit eine Arbeitsumgebung geschaffen werden kann, in der man zufrieden und engagiert arbeiten kann. Diese Randbedingungen haben heute noch Gültigkeit, sind aber anscheinend in vielen Unternehmen aus den Augen verloren worden. Herzberg unterscheidet in Motivatoren, die der Vorgesetzte auslösen kann, und in sogenannte Hygienefaktoren, die vom Betrieb sichergestellt werden müssen; in diese Kategorie fallen Faktoren wie Bezahlung, Arbeitsbedingungen etc. Nur wenn die Hygienefaktoren passen, kann Motivation erfolgen. Sinn in eine Arbeitssituation zu legen, in der die Hygienefaktoren nicht stimmen, gelingt nur äußerst stabilen Persönlichkeiten. Und das auch nicht dauerhaft.

Motivatoren (die der Vorgesetzte auslösen kann)	Hygienefaktoren (die der Betrieb sicherstellen muss)
erbrachte Leistungen* Anerkennung und Wertschätzung* Verantwortung (Kompetenz) zulassen* klar definierte erreichbare Ziele setzen* Aufstiegschancen ausreichende Informationen* Erwerb neuer Kenntnisse und Erfahrungen* Teamarbeit* die Arbeit selbst (sinnvoller Inhalt)* *Die so gekennzeichneten Elemente sind ohne größeren Kostenaufwand in nahezu jedem Unternehmen möglich und einsetzbar.	angemessene Bezahlung befriedigende Arbeitsbedingungen fortschrittliche Sozialleistungen gleichermaßen wirtschaftliche wie humane Unternehmenspolitik

Sinnstiftendes Arbeitsumfeld

Einerseits muss dafür gesorgt werden, dass die Hygienefaktoren stimmen bzw. durch Information darauf hingewiesen wird, dass diese gegeben sind. Durch die Desinformation befürchten Arbeitnehmer oft, dass z. B. bei Veränderungen der Rahmen ihrer Arbeit unter Umständen »noch schlechter« wird. Hier kann nur durch Information gegengesteuert werden. Die folgende Tabelle zeigt eine Liste von jeweils fördernden und behindernden Bedingungen am Arbeitsplatz:[28]

Bedingungen und Auslöser von Arbeitszufriedenheit:

Positive Bedingungen	Negative Bedingungen
• Förderung der Sinnfindung bei Arbeitssituationen, Arbeits- und Unternehmensziele • Erfolgserlebnisse ermöglichen • Leistungserlebnisse ermöglichen • Selbstbestätigung fördern • Problemlösen unterstützen • Zielerreichung durch Teilziele optimieren • Anerkennung und Beachtung durch Vorgesetzte oder andere kompetente Beurteiler • interessante, herausfordernde, abwechslungsreiche, sinnvolle Aufgaben • Übernahme neuer verantwortungsvoller Aufgaben, Selbstständigkeit • guter Kontakt zu Kollegen • Verständnis • Hilfsbereitschaft • Zusammenarbeit • gutes Klima	• Misserfolgserlebnisse • keine Rückmeldung über die Folgen eigenen Handelns • in der Arbeit nicht vorankommen • Kapitulation vor Schwierigkeiten • Ängste der Vorgesetzten an die Arbeitnehmer weiterreichen • fehlende Anerkennung, unqualifizierte, voreilige, übertriebene, unkonstruktive Kritik • Monotonie, Routine, überflüssige oder nutzlose Tätigkeit • bevormundet werden • kein Entscheidungs- und Handlungsspielraum • zu versuchen, jede Entscheidung abzusichern • Gewohnheit, nach Schuldigen anstatt nach Lösungen zu suchen • keine Kompetenzen, keine Verantwortung • Streitereien, unterdrückte Konflikte • Rivalität • »auflaufen lassen« • Cliquenbildung • Negativismus

dieses Verhalten gegenüber Mitarbeitern vestärken	dieses Verhalten gegenüber Mitarbeitern vermeiden

»Hier spricht das Unternehmen« – Kommunikation verbindet

Sinn hat wie dargestellt mit Wahrnehmung und Einstellung zu tun. Wie die Dinge im Unternehmen wahrgenommen werden, hängt entschieden von der Kommunikation durch das Unternehmen und v. a. von deren Führungskräften ab. Wenn ein Unternehmen möchte, dass die Arbeitnehmer sich mit dem Unternehmen identifizieren und sich engagieren, müssen die Ideen der Firma regelmäßig kommuniziert werden.

Zahlreiche Informationen werden in Unternehmen erhoben, aber auf Mitarbeiterfeedback, das man z. B. durch Befragungen oder Umfragen erhalten könnte, verzichten einige Unternehmen und kommunizieren bevorzugt einseitig in Form von Hausmitteilungen oder Veröffentlichungen. Kommunikation bedeutet aber – und das wird in der Praxis viel zu oft vergessen – verbinden. Es ist also kein einseitiger Prozess, der mit einer Hausmitteilung erledigt wäre. Es muss ein regelmäßiger Abgleich erfolgen, ob der vom Unternehmer vermittelte Sinn sich mit dem deckt, was die Arbeitnehmer als sinnvoll erachten.

Kommunikation kann nicht in wenigen Tagen neu strukturiert werden. Muster, die sich über Jahre gebildet und stabilisiert haben, können nicht in einem Dreitagesseminar verändert werden. Ein Ergebnis vieler kurzer Kommunikationsseminare ist, dass man in den Unternehmen verstärkt Aussagen nach Hol- und Bringschuld in der Kommunikation hört. Aber solche Aussagen verlagern auch die Verantwortlichkeit: »Oh, das war doch eine Bringschuld, ich bin nicht verantwortlich, weil ich davon nichts wusste …« Kommunikation ist in der Praxis immer eine Sache von Sender und Empfänger. Nur analytisch kann man dies trennen. NDR oder ORF können noch so viel senden; wenn jemand den Empfänger nicht richtig eingestellt oder die Antenne nicht richtig ausgerichtet hat, empfängt er nichts, erfährt er nichts. Und der Sender hat eben über Hörer- oder Seheranalysen, also Feedback, zu prüfen, ob seine Botschaft überhaupt richtig ankommt. Dieses regelmäßige

Wechselspiel wird in Unternehmen viel zu selten praktiziert. Durch die Online-Technik können innerhalb kurzer Zeit Befragungen durchgeführt werden, mit der bequem selbst Tausende Mitarbeiter in einem Unternehmen erreicht werden können. Doch wie oft werden tatsächlich gezielte Mitarbeiterbefragungen durchgeführt?

Senden und empfangen

Für ein inspirierendes Gespräch mit einem Mitarbeiter oder dem Vorgesetzten braucht man nicht immer eine umfangreiche Ausbildung oder einen Coach. Der deutsche Psychologieprofessor Borwin Bandelow weist in seinem »Angstbuch« darauf hin, dass selbst die »therapeutische Wirkung« eines guten Gesprächs mit der Großmutter oder mit dem besten Freund in einigen Fällen unter Umständen genauso befreiend und wirkungsvoll sein kann wie jenes mit einem professionellen Therapeuten. In dem Bestseller »Miteinander Reden« von Friedemann Schulz von Thun wird die Technik des aktiven Zuhörens anhand des schönen Beispiels eines Gesprächs zwischen Mutter und Tochter dargestellt. Hier wird durch den Satz »Liebling, es ist kalt draußen« erläutert, wie eine Botschaft unterschiedlich verstanden werden kann. Je nachdem, welches der »vier Ohren« die Tochter als Empfänger eingestellt hat:

- Mit dem Appellohr hört sie: »Zieh dir bloß deine Jacke an.«
- Mit dem Beziehungsohr hört sie: »Als deine Mutter weiß ich, was am besten für dich ist.«
- Mit dem Selbstoffenbarungsohr hört sie: »Du, ich mache mir Sorgen, dass du dich erkältest.«
- Und würde sie einfach nur mit dem Informationsohr hören, dann wäre es: »Es ist kalt draußen.«

Die Technik der vier Ohren ist seit Erscheinen dieses inzwischen zum Klassiker avancierten Buchs in fast keinem Kommunikationsseminar mehr wegzudenken. Wenn man diese Technik z. B. bei einer Konfliktlösung anspricht, geben sich die Beteiligten stets wissend. Aber wer setzt dieses Wissen ein? Wer bekommt die Ebenen spontan, aktiv zusammen? Wie oft am Tag erwischt uns tatsächlich jemand auf »dem falschen Ohr«? In Österreich ist auch die Redensweise »Man hat etwas in die falsche Kehle bekommen« gebräuchlich. Das erfahren wir immer dann, wenn wir uns angegriffen fühlen oder ohne jegliche Form eines Angriffs beginnen, uns zu verteidigen. Vielleicht liegt es auch daran, dass Kommunikation einfach komplexer ist als das wunderbar griffige Modell der vier Ohren. Und so müssen wir erkennen, dass dieses Modell nicht reicht, um in unserer Alltagskommunikation Bestand zu haben. Es wäre schade, wenn wir nicht mehr »normal« und menschlich miteinander reden und bloß noch solche Techniken einsetzen würden. Gleichzeitig ist der Einsatz dieses Modells sinnvoll, wenn jemand sich angegriffen fühlt: Dann kann er mit diesem Hilfsmittel prüfen, inwieweit es sich wirklich um einen Angriff gehandelt hat oder er nur auf dem falschen Ohr erwischt wurde. So kann er auch feststellen, welchen Sinn das Gegenüber tatsächlich mit seiner Botschaft transportieren wollte.

Das richtige Ohr erreichen

Dieses Beispiel zeigt erneut, wie stark Menschen von Emotionen geprägt sind. Wenn man jemandem Sinn vermitteln möchte, muss man prüfen, ob man denjenigen auf dem »richtigen« Ohr erwischt hat. Obwohl dieses Wissen inzwischen zum Standardwissen der Kommunikation gehört, sind uns unsere Emotionen anscheinend vertrauter als unsere Vernunft. Wenn jemand in einem Unternehmen sein Bestes geben will, wenn er als Führungskraft dafür zu sorgen hat, dass Menschen ihre Aufgaben optimal erfüllen, dann muss er auf die emotionale Seite der Mitarbeiter stärker Rücksicht nehmen. Er muss vermehrt darauf achten, wo sie ihre Begabungen und ihre Interessen haben, mit welchen Dingen sie sich gerne lang aufhalten, welche Dinge sie gerne beiseiteschieben. Mit der Kenntnis der jeweiligen Basismotive kann man Teams optimal zusammensetzen, weil sich die Teammitglieder tatsächlich gegenseitig ergänzen können.

Im Alltag sind selbst die vier Dimensionen der Ohren zu viel. Wenn man sich auf der Appellebene zu Unrecht angesprochen fühlt und entsprechend negativ reagiert, dann ist man nicht in der Lage, nüchtern auf eine andere Ebene zu wechseln. Emotionen können aus der Gesprächssituation selten gelöst werden. Hinterher kann man die Situation zwar analysieren und das Missverständnis besser aufklären und sich eventuell entschuldigen, auf Sinnfindung für die Arbeit übertragen bedeutet dies aber, dass wir unsere Emotionen immer dabeihaben. Deshalb benötigen wir Hilfsmittel, um die Alltagskomplexität zu reduzieren und routiniert bewältigen zu können. Und wieder schließt sich der Kreis, wieder sind wir beim Sinn angelangt: Wenn jemand den Sinn in dem erkennt, was er tut, erleichtert es ihm viele Situationen und Entscheidungen und gibt ihm letztendlich auch Zufriedenheit mit dem Tageswerk.

Interesse für andere

Auch die Anwendung der im Wochenendkurs gelernten Kommunikationstechniken schafft eher Distanz als Nähe, wenn sie zu mechanistisch angewandt werden. »Bleiben Sie Mensch, Herr Psychologe« ist ein Rat, den Friedemann Schulz von Thun in dem erwähnten Buch »Miteinander Reden« in einem eigenen Kapitel skizziert hat. Nicht ohne Grund, denn er kannte die befremdlichen Gesprächssituationen, die Absolventen seiner Seminare manchmal erzeugt haben.

Das richtige Maß in der Kommunikation zu finden, ist das Mittel zum Erfolg. Die einfache Regel, sich empathisch in den anderen hineinzuversetzen, ist dabei leichter zu befolgen, wenn sich jemand wirklich für den anderen interessiert. Wenig Sinn macht es, wenn jemand nur eigene Interessen verfolgt und deshalb zur Optimierung der Mitarbeiterführung seine gelernten Kommunikationstechniken anwendet.

Bei einem größeren Unternehmen, das von einem der Autoren beraten wird, hatte eine Empfangssekretärin neben dem Telefon ein Erinnerungsschild mit einem Smiley stehen und der schriftlichen Aufforderung darunter: »Lächeln!« So half ihr dieses Schild immer wieder, selbst bei unangenehmeren Kundenanfragen, sich ihrer Freundlichkeit zu erinnern.

Auf die Sinnfindung der eigenen Tätigkeit bezogen, soll dieses Beispiel daran erinnern, dass es nicht reicht, ab und zu ein inspirierendes Buch zu lesen oder ein Selbstfindungswochenende zu besuchen. Sinnfindung braucht Zeit. Es braucht sogar so viel Zeit, dass einige Menschen sich dauerhaft zurückziehen, um ihren Sinn zu finden. Das ist einer der Gründe, warum sich Menschen auf der ganzen Welt in Klöster zurückziehen. Das ist auch einer der Gründe, warum das Angebot Urlaub im Kloster boomt.

Sinnfindung ist also nicht nur eine Aufgabe des einzelnen Mitarbeiters oder eine gesellschaftliche Pflicht, sondern – wenn es um Sinn in der Arbeit geht – auch eine Führungsaufgabe. Denn Sinn ist vermittelbar, sonst hätte sich die Suche danach nicht seit Anbeginn der Menschheit verbreitet. Um es plakativ auszudrücken: Unternehmen, die ihren Mitarbeitern den Sinn ihres Unternehmens nicht vermitteln können, sollten über den Sinn ihres Unternehmens intensiv nachdenken.

Zwischenbilanz:

Je besser jemand in der Lage ist, einen Sinn in der Situation, in der er sich gerade befindet, zu sehen, desto zufriedener wird er sein. *Einen* Sinn zu sehen in der Situation, in der man sich gerade befindet, kann für die Zufriedenheit nahezu alle anderen Faktoren ersetzen. Fehlt *ein* Sinn oder erkennt man keinen für die Situation, in der man sich befindet, dann gibt es nahezu nichts, was dauerhafte Zufriedenheit ermöglicht.

Kapitel 14

Faktor: Berufung

»Durchstarten zum Traumjob«, »Finde den Job, der dich glücklich macht«, »Zweite Chance Traumjob« – es gibt einen umfangreichen Buchmarkt, der sich mit dem Thema beschäftigt, wie man seinen Traumberuf findet. Die oft empfehlenswerten Bände zeigen meist Schritt für Schritt auf, wie man seinem Ziel näher kommt. Ein zentrales Thema wird aber durch die Techniken häufig zu wenig angesprochen: Berufung hat etwas mit Sinnfindung zu tun. Nur über seine persönliche Sinnfindung wird jemand zu seinem Traumjob kommen. Ein Job ist nur dann ein solcher Traumjob, wenn er für einen selbst Sinn ergibt.

Wie sinnvoll jemand seine persönliche berufliche Situation empfindet, lässt sich leicht anhand der im Kapitel »Sinnfindungstechniken« gestellten Frage, ob jemand seine derzeitige Arbeit kostenlos verrichten würde, beantworten.

Vom Berliner Star-Frisör Udo Walz, der seit mehr als 40 Jahren in der Hauptstadt lebt und mittlerweile acht Salons besitzt, wird berichtet, dass er trotzdem noch jeden Tag selbst Bürste und Föhn schwingt. Oder denken wir an die »Rolling Stones«, vier Männer in einem Alter, in dem viele an den Ruhestand denken, scheuen selbst solche Strapazen wie Welttourneen nicht, um gemeinsam Musik zu machen. Diese Beispiele zeigen, dass der Antrieb nicht der Lebensunterhalt ist, der verdient werden muss. Wer eine Arbeit gerne tut, sieht diese nicht als Arbeit, sondern als Berufung, als Lebensaufgabe.

Wie viele Menschen gehen nach dem Büroalltag der Gartenarbeit nach? Für so manchen Gärtner wahrscheinlich undenkbar, dass man dann im Garten noch Entspannung finden kann. Wir gehen unseren Hobbys und unseren Ehrenämtern nach, obwohl wir kein Geld dafür erhalten. Wie viele Menschen geben in ihrer Freizeit Geld dafür aus, Tiere zu pflegen, zu angeln, zu jagen, Fußball zu spielen oder musizieren zu können? »Und dafür wird man noch bezahlt«, lautet der Titel eines Buches, das der Wiener Philharmoniker Otto Strasser bereits 1974 geschrieben hat und in dem er in Anekdoten den Traumjob in einem der berühmtesten Orchester der Welt beschreibt. Es gibt Menschen, die all diese Dinge als Beruf ausüben und dafür Geld erhalten.

Vielleicht haben die Menschen ihr Hobby zum Beruf gemacht? Was hat andere daran gehindert, es ebenso zu tun? Was hindert uns daran, es zu ändern?

Wenn der Bedarf bei Unternehmen, neue Mitarbeiter einzustellen, wirklich nur daraus resultiert, weil es der Nachfrage entsprechen muss, dann werden auch Personen eingestellt, die unter Umständen gar nicht für das Unternehmen geeignet sind. Die ursprünglichen Kriterien, ob der Mitarbeiter geeignet ist, sich mit den Zielen des Unternehmens identifiziert und sich deshalb auch stark engagieren wird, treten dann in den Hintergrund. Es werden wahrscheinlich eher pragmatische Kriterien angewandt, bei denen man froh ist, wenn die formalen Qualifikationen und die Sozialkompetenz ausreichen, um jemanden einzustellen.

Wenn jemand bisher seine Tätigkeit aus eher pragmatischen Gründen verfolgt hat, also um Geld zu verdienen, hindert ihn nichts daran, trotzdem einen Sinn in seiner derzeitigen Tätigkeit zu suchen, um letztendlich zu einer höheren Zufriedenheit zu gelangen. Es wird wahrscheinlich nur sehr wenige Tätigkeiten in der legalen Arbeitswelt geben, die nicht einen Nutzen und Sinn für andere und damit auch für einen selbst haben werden. Die Arbeitsteilung ist sicherlich eine der wichtigsten Errungenschaften moderner Gesellschaften. Es ist nur manchmal schwer zu erkennen, welchen Beitrag man wirklich dazu leistet. Besonders dann, wenn man bloß seine Bezahlung als Bewertungsmaßstab ansetzt.

Niemand wird bezweifeln, wie sinnvoll die Arbeit im Kranken- oder Pflegebereich ist. Aber sie wird nicht entsprechend bezahlt. Was sicherlich auch damit zusammenhängt, dass diejenigen, die sie ausüben, so viel Sinn in dieser Tätigkeit sehen, dass sie diese eben auch für wenig Geld ausüben, und deshalb nicht regelmäßig über ihr »Schmerzensgeld« verhandeln. Allein die Tatsache, dass sie sich um andere kümmern, bewirkt, dass sie eigene Interessen automatisch zurückstellen. Und das veranlasst die Unternehmen zu der falschen Annahme, diese Mitarbeiter seien auch in Gelddingen genügsam.

»Wenn man weiß, dass man eigentlich nur eine kurze Zeit auf der Erde verbringt, dann sollte man endlich die (…) Dinge tun, die man wirklich tun möchte. Wie viele [Menschen] gehen in Wahrheit nicht jener Arbeit nach, die [sie] eigentlich vom Grunde ihres Herzens aus am liebsten getan hätten. Sie sollten nach Hause gehen und eine andere Arbeit beginnen. (…) Niemand sollte etwas tun, weil andere gesagt haben, dies oder das sollte man eigentlich tun. Dies kommt einem Heranwachsenden gleich, den man dazu zwingt, einen Beruf zu erlernen, der gar nicht zu ihm passt. Wenn man auf seine innere Stimme hört und auf sein eigenes inneres Wissen, das in Bezug auf sich selbst weit größer ist als jedes andere Wissen, wird man nicht fehlgehen, und man wird wissen, was man mit seinem Leben anzufangen hat.«[29]

Zwischenbilanz:

Menschen, die ihren Beruf zur Berufung gemacht haben, sind zufrieden.

Eine Berufung ist allerdings nicht ohne Bedingungen zu schaffen. Die individuellen Grundbedürfnisse müssen befriedigt sein, um Zufriedenheit in seiner Berufung zu erfahren.

Je entfernter jemand von seiner Berufung ist, desto höher muss das »Schmerzensgeld« für ihn sein, um diese Diskrepanz zu ertragen.

Kapitel 15

Faktor: Endlichkeit

Der Tod hat Einfluss auf alle Lebensbereiche. Nicht nur auf Ängste, sondern auch auf die eigenen Wertvorstellungen und die eigenen Entscheidungen. Der Tod hilft auch bei der Sinnsuche. Bei manchen Naturvölkern, wie etwa den mittelamerikanischen Tolteken, fragen die Menschen sogar den Tod, was er in bestimmten Situationen tun würde. Die Menschen nutzen ihn als Ratgeber. Für jeden Menschen kann es wichtig sein, den eigenen Tod zu vergegenwärtigen, um mit dieser kleinen Zeitreise Tipps für das Hier und Jetzt zu erhalten.

So manches Familienunternehmen kann hier ein Vorbild sein, denn die Geschäftsleitung agiert hier anders als in Firmen, bei denen nur der momentane Gewinn zählt. In Familienunternehmen soll der Familie etwas hinterlassen werden. Und dabei hilft das Wissen von der eigenen Endlichkeit, wodurch Entscheidungen nachhaltig beeinflusst werden.

Inwieweit sich jemand Gedanken über das eigene Sterben gemacht hat, zeigt z. B. die persönliche Auseinandersetzung mit dem Thema Organspende. Ein Großteil derjenigen, die sich nicht entscheiden können, ob sie ihren Körper nach dem Tod der Medizin zur Verfügung stellen und damit andere Menschenleben retten, ist sicherlich auch deshalb unentschlossen, weil sie sich noch nicht abschließend mit ihrem eigenen Tod befasst haben.

Wie viele Menschen verdrängen diesen Gedanken täglich. Heute noch ist es schwer, zwei Themen anzusprechen: Krankheiten, die zum Tode führen, und das Sterben sind nach wie vor Tabuthemen, obwohl es jeden betrifft. Die wenigsten setzen sich bereits im Leben damit auseinander. Einige, die es tun, werden als schrullig abgetan oder werden von jenen gemieden, die mit dem Tod nichts zu tun haben wollen.

Als im Sommer 2008 die Hamburger Sachbuchautorin und Unternehmensberaterin Beate Silkenath im Alter von 52 Jahren plötzlich und ohne Vorwarnung verstarb, konnten die Menschen aus ihrem Umfeld den unterschiedlichen Umgang mit negativen Ereignissen im Geschäftsleben beobachten. Geschäftsfreunde, die nicht aus ihrem direkten Umfeld kamen, erfuhren von ihrem Tod durch einen Nachruf auf der Website des Business Clubs, für den sie jahrelang engagiert war. Ihr Verlag hat bis heute keinerlei Hinweis auf ihren Tod veröffentlicht. Das große Internet-Business-Netzwerk Xing, in dem sie über 4000 bestätigte Kontakte hatte, hat ihr Profil ohne Kommentar gelöscht. Die von der Autorin geleiteten Online-Gruppen auf dem Portal wurden ebenfalls ohne jeglichen Hinweis zu ihrem Tod von portalseigenen Mitarbeitern weiter betreut.

Der Tod ist kein Tabuthema

Dieses Beispiel ist typisch, wie im Geschäftsleben mit dem Thema Tod umgegangen wird. Und es zeigt die Unsicherheit in unserer Gesellschaft im Umgang mit einem Thema, das eigentlich *allen* Menschen vertraut ist. Jeder Erwachsene hat in seinem Leben den Tod von Freunden, Verwandten oder Bekannten erlebt. Dass viele versuchen, das Thema zu ignorieren, kann mit dem Verhalten eines Kleinkindes verglichen werden, das sich zu verstecken versucht, indem es die Augen schließt. Natürlich geht jeder Mensch anders mit dem Tod oder schicksalhaften Ereignissen um, doch das Verhalten mancher Unternehmen zum Thema Tod lässt den Schluss zu, dass sie in anderen Situationen ganz ähnlich agieren. Zum Beispiel dann, wenn dem Unternehmen unausweichliche Krisen bevorstehen. Der Tod und die (wirtschaftliche) Krise haben durchaus etwas gemein.

Der Umgang mit dem Thema Tod lässt auch darauf schließen, wie wir mit anderen unangenehmen Themen umgehen. Die eigene Unsicherheit im Umgang mit dem Tod oder anderen unausweichlichen Tatsachen wird auf andere Bereiche im Geschäftsleben übertragen. Die Sozialwissenschaften, die Psychologie, die Medizin und Hirnforschung können in den letzten Jahren immer besser aufzeigen, wie Menschen lernen, indem sie ihre Kenntnisse und Erfahrungen von einer Situation auf eine andere übertragen. Wenn Unternehmen in einem Bereich, mit dem sich jeder Mensch theoretisch schon einmal auseinandergesetzt hat, so unsicher reagieren, wie agieren und reagieren sie dann in Situationen, die neu auf sie zukommen? Wie reagieren Unternehmen, die sich keinen Gedanken über ihr eigenes Ende machen, auf existenzielle Unternehmenskrisen? Behalten sie einen klaren Kopf oder versuchen sie, bloß zu verdrängen?

Wie reagieren sie auf andere, nicht direkt messbare Ereignisse? Wie gehen sie mit Mitarbeitern und Kunden um, wenn es keine sicheren Vorgaben und Reaktionen gibt? Vielleicht ist die Panik, die bei der Börsenkrise im September 2008 aufgetreten ist, auch auf dieses Nicht-wahrhaben-Wollen der Fakten zurückzuführen. Die Erfahrung zeigt, Panik trägt nicht dazu bei, konstruktive Lösungen für eine Situation zu erarbeiten.

Zwischenbilanz:

Genauso wie jemand mit dem Prozess des Sterbens umgeht, wird er vielleicht mit anderen unausweichlichen Sachverhalten in seinem Leben umgehen.

Er kann versuchen, den unausweichlichen Dingen trotzdem auszuweichen, was ihm einerseits nicht gelingen und andererseits viel Energie rauben wird. Oder er kann versuchen, sich den Dingen zu stellen und Sinn in ihnen zu sehen.

Wenn wir einen sinnvollen Zugang zum Tod als unausweichliches Ereignis haben, bekommen wir auch einen Zugang zu anderen ungewissen Dingen, die aber mit Gewissheit eintreten. Sich dieser Komplexität zu stellen, ermöglicht uns auch, die Ungewissheit in anderen Situationen besser zu ertragen.

Tod und Krisen machen uns unsicher

Was macht uns eigentlich so unsicher, wenn jemand stirbt? Was würde uns Sicherheit spenden? Gibt es unter den Hinterbliebenen gemeinsame Ursachen oder macht tatsächlich jeden Menschen etwas anderes unsicher?

Vielleicht verhalten wir uns deshalb so furchtsam, weil wir keine Gewissheit haben, was nach dem Tod passiert. Weil es keine Beweise gibt, sondern wir uns aufgrund der bisher gesammelten Erkenntnisse für die eine oder andere Meinung entscheiden müssen. Weil wir insgeheim doch noch einen Beweis wünschen, was der Tod ist; so wie sich einige Menschen immer wieder einen Beweis dafür wünschen, dass sie geliebt werden.

Aber es wird immer Dinge geben, die unbeweisbar bleiben. Dennoch müssen wir lernen, damit zu leben, sonst machen wir uns handlungsunfähig. Und da man nicht nicht handeln kann, wird unsere versuchte Nicht-Reaktion von den anderen nicht immer verständnisvoll aufgenommen.

Ein falscher Umgang mit Umkehrschlüssen zeigt sich auch in der oft zu hörenden Einstellung, dass einem als Person oder Firma nichts passieren könne, da in der Vergangenheit auch nichts passiert sei. In kleineren oder mittelständischen Unternehmen führt diese Sichtweise manchmal dazu, keine regelmäßige penible Datensicherung vorzunehmen; obwohl ein Absturz der IT-Systeme oder der Verlust der Firmendaten im schlimmsten Fall den Ruin eines Unternehmens bedeuten könnten. Versicherungen wiederum versuchen, diese Sichtweise so ins Gegenteil zu verkehren, indem sie ein regelrechtes Horror-Szenario entwickeln und Gefahren höher einstufen, als sie in Wahrheit sind.

Es ist schwer, das richtige Maß an Vorsorge zu treffen. Jeder muss für sich entscheiden, welches Risiko er in Kauf nimmt. Das bedarf einer richtigen Balance zwischen Vorsicht und Risikobereitschaft. Das ist auch einer der Gründe, warum der eigene Tod so stark aus unserem Denken verbannt ist. Das Risiko bei Dingen, bei denen wir glauben, sie kontrollieren zu können, oder die uns selbst betreffen, wird allgemein unterschätzt. Das ist ein Grund, warum viele Leute eher mit dem Auto fahren, als mit dem Flugzeug zu fliegen. »Mit der Bekanntheit des Risikos sinkt die Risikoeinschätzung und steigt die Risikoakzeptanz (…).«[30]

Im Umgang mit dem Tod steigt die Risikoeinschätzung zwar mit zunehmendem Alter, doch er kann uns zu jedem Zeitpunkt des Lebens treffen. Da aber die Bekanntheit des Risikos, die Kontingenz, was mit uns passieren wird, bis heute noch unerforscht ist, versuchen sich viele Menschen durch Verdrängung diesem Risiko zu entziehen.

»War es das schon?«, »Ich hatte noch so viel vor«, »Ich wollte doch nach meiner Pensionierung drei Monate in die Vereinigten Staaten« – … Viele scheinen tatsächlich zu denken, Tod hätte nur etwas mit der Zeit nach der Pensionierung zu tun. Aber wahrscheinlich kennt jeder in seinem Umfeld Menschen, die vor ihrer Zeit gestorben sind oder an einer schweren Krankheit erkrankt sind. Viele sind bereits während ihrer Schulzeit mit dem Tod konfrontiert worden. Vielleicht durch den Tod der Großeltern, Großtanten, Bekannten oder Verwandten, vielleicht auch durch Mitschüler aus derselben Klasse oder aus der Nachbarklasse, die bei einem tragischen Unfall ums Leben gekommen sind.

Selbst wenn man nicht in allen Fällen vom Speziellen auf das Allgemeine schließen kann, beim Thema Tod gibt es keine Ausnahmen. Trotzdem verhalten sich einige so, als gäbe es diese. »Ich hätte nicht gedacht, dass mir jemals so etwas widerfährt«, ist eine Aussage, die man immer wieder von Angehörigen hören kann. Und das ist oft nicht einfach nur so dahergesagt, es spiegelt tatsächlich manchmal die Einstellung wider, die einige Menschen im Umgang mit dem Unausweichlichen haben. Nicht nur mit dem Tod, oft auch mit anderen Dingen, die außerhalb unserer Erkenntnis liegen.

»Kein Mensch kann sein Sterben gestalten. Es ist besser, diese Ungewissheit mit einzubeziehen, als auf ›Sicherheiten‹ zu bauen, die sich letztlich als brüchig erweisen. Glauben heißt deshalb auch, den Mut zu dem Eingeständnis aufzubringen, nichts in der Hand zu haben.«[31]

Sinnfindung macht unsterblich

Sinnfindung hat im weiteren Sinne auch etwas mit dem Unsterblichkeitsgedanken zu tun. Wenn man bleibende Werte schafft, dann verändert man dadurch die Welt und wird dadurch quasi unsterblich. Der zu Weihnachten jedes Jahr im TV gezeigte Film aus dem Jahr 1946 »Ist das Leben nicht schön« mit James Stewart zeigt, wie viel Einfluss bereits kleine Taten eines Einzelnen auf die Welt haben. Aus Angst vor einem bevorstehenden Finanzskandal will sich der Bankdirektor George Bailey am Heiligen Abend umbringen. Kurz davor erscheint ein Engel und zeigt ihm in Form einer Vision, wie sich seine Kleinstadt entwickelt hätte, wenn er nie geboren worden wäre. Auch der in der Chaostheorie gerne verwendete Schmetterlingseffekt – ein Flügelschlag in Brasilien könne einen Tornado in Texas auslösen – zeigt, dass kleine Ereignisse große Auswirkungen haben können.

Nicht nur große Künstler wie Mozart oder Goethe verändern also die Welt und bleiben unsterblich in unserer Erinnerung. Wenn jemand kleine Veränderungen der Welt bewusst vornimmt, dann verändert derjenige die Welt in eine Richtung, die er für sich selbst als »gut« erachtet; er hinterlässt Spuren. Der immer stärker werdende Wunsch nach Nachhaltigkeit in unserer Gesellschaft basiert zu einem großen Teil auf diesem Unsterblichkeitsgedanken. Dieter Bohlen hat u. a. auch dieser Gedanke dazu veranlasst, sein neuestes Buch zu schreiben: »Es wäre doch einfach schade, wenn ich morgen tot umfalle und alles, was ich in 54 Jahren an Erfahrung und Erkenntnissen gewonnen habe, auf einmal weg ist.«[32]

Wenn man ältere Menschen oder im Sterben liegende befragt, was in ihrem Leben wichtig war und worauf sie stolz sind, dann hört man wahrscheinlich sehr selten, dass sie Quartalsergebnisse für die Firma verbessert haben, indem 10 Prozent der Belegschaft entlassen wurden, sondern meist andere Dinge. Die Antworten beziehen sich darauf, für seine Familie und andere da gewesen zu sein, auf als sinnvoll erachtete Tätigkeiten, persönliche Erfolge, Hilfe für andere, auf Spuren, die man hinterlassen hat.[33] Am Sterbebett erkennen viele, was wirklich Sinn gemacht hat oder gemacht hätte.

Eben weil der Tod so eine zentrale Rolle in unserem Leben einnimmt, wird es schwer sein, Sinn völlig unabhängig von der Betrachtung des Todes zu sehen. Schließlich läuft für uns alles auf den Tod hinaus. Ob bewusst oder unbewusst, ob geplant oder ungeplant, ob verdrängt oder voller Achtsamkeit. Der Tod sollte hierbei weder überbewertet noch unterschätzt werden. Aber als Tatsache ist er unausweichlich und konfrontiert jeden von uns.

Durch den Tod anderer werden wir stets auf unseren eigenen aufmerksam gemacht. Und auch immer wieder auf die Frage, was man aus seiner verbleibenden Zeit machen soll. Und das führt unweigerlich wieder zu der im Kapitel Sinnfindung gestellten Frage des Philosophen Richard Egger, ob man gerade im Begriff sei, die nächste Stunde seines Lebens zu vergeuden oder genau das zu tun, was gerade seinem Lebenssinn entspricht.

Sich mit dem Tod auseinanderzusetzen ist also deshalb weder morbide noch dekadent, sondern realistisch. Jemand, der das Unausweichliche nicht ausblendet, sondern in seinem Lebenskonzept präsent hat, lebt nahezu automatisch im Hier und Jetzt.

> »Die Einbeziehung des Todes in seine Gedanken lässt den Menschen bewusster und konzentrierter leben und bewahrt ihn davor, so viel Zeit für unwichtige Dinge zu vergeuden.«[34]
>
> »Wann immer wir die Perspektive verlieren oder Faulheit zum Opfer fallen, rüttelt uns die Reflexion über Vergänglichkeit und Tod auf und führt uns zurück zur Wahrheit.«[35]

Verstanden hat man seine eigene Vergänglichkeit und die Sicherheit, dass alle Menschen sterben werden und niemand den Zeitpunkt seines (natürlichen) Todes kennt, erst dann, wenn einem dies in seinem täglichen Handeln bewusst ist. Für uns persönlich wichtige und nahestehende Menschen, die vor uns sterben, erinnern uns immer wieder an diese Tatsache. Wenn wir durch ihren Tod an unseren erinnert werden, dann bekommt ihr Tod für uns persönlich einen Sinn. Bestimmt nicht den einzigen Sinn, sondern einen Sinn. Nämlich den, uns immer wieder darauf hinzuweisen, wie wichtig unser Leben ist, was wir daraus machen und wie wichtig das Leben derer ist, die wir lieben. Dadurch behalten wir die Verstorbenen auch in Erinnerung.

Sich den Dingen stellen

Welchen Einfluss der Tod hat, erfährt man immer wieder, auch am Arbeitsplatz, wenn ein Kollege unheilbar erkrankt oder stirbt. Die Betretenheit und Hilflosigkeit, die oft zum Ausdruck kommt, basiert nicht nur auf der Tatsache der Trauer, sondern meist auch v. a. darin, dass einige nicht wissen, wie man mit dieser Information umgehen soll. Hätten sie sich mit diesem Thema bereits auseinandergesetzt, wäre echte Anteilnahme und seelischer Beistand leichter möglich.

Oft ist es erst eine Krise, die jemanden dazu veranlasst, sich Gedanken über sich selbst, über sein Leben, seine Lebensgestaltung und darüber, ob man so weiterleben möchte, zu machen. Aber warum kann man nicht vor einer Krise in sich hineinhören und sich selbst fragen: Was macht mich glücklich, was macht mich unzufrieden, was bereitet mir schlechte Laune, wann bin ich glücklich, was sind die Dinge, auf die ich anspreche, in denen ich automatisch versinke, in denen ich mich über Dinge freue wie ein Kind und darin aufgehe? Und gerade hier gilt es herauszufinden, wie man diese Aspekte mit dem Alltag in Einklang bringt. Mit Offenheit und Fantasie ergeben sich oft erstaunliche Möglichkeiten, wie man sich arrangieren kann.

Aussagen wie »Über Tote soll man nicht schlecht sprechen« zeigen, wie stark das Thema in unserer Gesellschaft mit einem Tabu belegt ist. Solche Aussagen werden den Verstorbenen nicht gerecht, weil man sie dann nicht so im Andenken bewahrt, wie sie wirklich waren. Wer den Tod so tabuisiert, wird wahrscheinlich auch andere Dinge in seinem Leben tabuisieren und ausblenden. Wir können durch unsere Auseinandersetzung mit dem Tod nicht nur das Andenken und die Erinnerung an die Verstorbenen wahren, sondern auch lernen, wie wir mit anderen Unsicherheiten im Leben umgehen können. Denn manchmal muss man sich den Dingen einfach stellen. »Das Leben geht weiter« oder »Darüber wirst du mit der Zeit hinwegkommen, denn die Zeit heilt alle Wunden« sind gut gemeinte Ratschläge, die man in diesem Zusammenhang oft hört. Aber ist es wirklich ein guter Rat? Denn für wen geht das Leben weiter? Ist das der Hinweis auf ein Leben nach dem Tod? Nein, meistens nicht, sondern nur ein Hinweis darauf, dass das Leben der Hinterbliebenen weitergeht. Für den Verstorbenen ist es in unserer Welt zu Ende. Es gibt eine treffende Aussage des US-Schauspielers Billy Bob Thornton, die seine Ex-Frau Angelina Jolie zitierte, als sie über den Tod ihrer an Krebs gestorbenen Mutter sprach:

> »Du kommst nie darüber hinweg. Es wird nie wieder gut werden, und wenn du das akzeptierst, wirst du merken, dass du gar nicht darüber hinwegkommen *willst*. Nimm es hin und lass es einfach zu einem Teil von dir werden.«[36]

Ergebnisse aus der im Kapitel über Krisen beschriebenen Resilienzforschung bestätigen, dass für den Einzelnen gefundene plausible Antworten zu verschiedenen Problembereichen und deren Füllung mit Sinn nicht nur Trost spenden, sondern auch zu persönlichem Wachstum und persönlicher Stärke führen. Es ist nicht die Sicherheit, die diese Menschen aus den Erfahrungen gezogen haben, sondern der Umgang mit der Unsicherheit. Das bedeutet nicht, einen Glauben in die eine oder andere Richtung zu stärken, wie es religiöse, esoterische oder spirituelle Gruppen tun, sondern die Menschen darin zu bestärken, dass sie eigene Antworten suchen, die sie selbst plausibel finden und die ihnen Sinn für ihr Handeln oder Erleben geben.

Wir müssen uns der Unbestimmtheit stellen, sie zumindest aushalten, wenn wir im Alltag handlungsfähig sein wollen. Wenn wir Zufriedenheit wünschen mit dem, was wir tun, müssen wir uns auch mit dieser Unbestimmtheit auseinandersetzen. Unsere Werte können wir nur dann ableiten, wenn wir wissen, welche Ziele für uns Sinn ergeben.

Sinnlosigkeit ist reine Zeitverschwendung

> »Wir sind es gewohnt, die wichtigen Dinge des Lebens auf später zu verschieben. Aber dieses ›später‹ kommt häufig doch früher als erwartet oder anders. Wenn es uns vor der Zeit trifft, werden all die unerfüllten Träume zu einer zentnerschweren Last, weil das Gefühl vorherrscht, dass das eigene Leben unvollständig ist (...).«[37]

Wenn wir durch den Tod eines Angehörigen über unsere eigene Endlichkeit nachdenken und unser Leben entsprechend danach ausrichten, dann kann der Tod dieses Angehörigen im Nachhinein einen ganz besonderen Sinn für uns persönlich bekommen, weil er uns auf unsere Endlichkeit aufmerksam gemacht und uns aufgefordert hat, die wichtigen Dinge im Leben aufzugreifen, ohne unnütz Zeit zu verschwenden. Auf diese Weise erhalten wir sein Andenken und die Erinnerung bekommt einen Doppelsinn. Die Erinnerung an den Verstorbenen wird aufrechterhalten und die Aufforderung an uns lautet, unsere Zeit nicht mit Dingen zu verschwenden, die für uns keinen Sinn machen.

Man darf aber auch nicht glauben, dass man sich nur noch um Dinge kümmern sollte, die sinnvoll und tiefsinnig sind. Das wäre ein

Umkehrschluss. Natürlich soll das Leben Spaß machen, aber man sollte Spaß nicht mit bloßer Ablenkung vom Wesentlichen verwechseln. Probleme werden oft durch positives Formulieren verdrängt – aber Problembewältigung schafft Sinn. Der Tod wird verdrängt, genauso wie Probleme verdrängt werden. In der Management-Literatur oder in der Coaching-Literatur liest man immer wieder, Probleme seien in Wirklichkeit Herausforderungen und sollten deshalb auch so genannt werden. Positives Formulieren ist gewünscht und soll dem Problem einen möglichen Schrecken nehmen. Aber das nimmt dem Problem zugleich den Kern und die Notwendigkeit, es zu lösen.

Probleme muss man lösen, Herausforderungen kann man annehmen, wenn es einem nach Höherem strebt. Der Begriff Herausforderung ist nicht die positive Formulierung von Problemen. Es muss auch hier einen Grund geben, warum es beide Begriffe gibt. Warum diese Begriffe durch Management-Trainer oder -Coaches weichgespült werden sollen, ist fraglich. Die bereits im Kapitel über Krisen erwähnte Resilienzforschung zeigt ebenfalls auf, dass zu einem Erfolgserlebnis die Tatsache gehört, sich dem Problem zu stellen und es zu bewältigen. Probleme können verbinden, Herausforderungen auch. Aber große Probleme müssen sogar Gegner verbinden. Herausforderungen nehmen Freunde in Angriff. Eine Herausforderung ist freiwillig zu bewältigen, ein Problem muss gelöst werden, manchmal sogar um zu überleben.

Probleme sind keine Herausforderungen

Werden Probleme zu Herausforderungen degradiert, dann fehlt die Notwendigkeit der Lösung. Man muss sich dann auch nicht mit Mitarbeitern verbinden, um sie zu lösen. Ein Management, das derart euphemistisch formuliert, nimmt seinen Mitarbeitern den Sinn, warum sie die Sachlage lösen sollten. Warum trauen sich Führungskräfte oft nicht, die Dinge beim Namen zu nennen, warum müssen die

Begriffe weichgespült werden? Weil es natürlich kein Problem für das Überleben eines Unternehmens darstellt, wenn es mehrere Milliarden Euro Gewinn einfährt. Aber es ist ein Problem, von den Mitarbeitern eine hohe Identifikation mit dem Unternehmen zu erwarten, wenn es zugleich die Entlassung Tausender Mitarbeiter ankündigt, um den Gewinn noch mehr zu steigern.

Wer ist das Unternehmen? Alle Eigentümer, Führungskräfte und sonstigen Mitarbeiter? Das ist eine Definitionsfrage: Geht es um Arbeit, sind in der Definition »Unternehmen« alle Mitarbeiter, Führungskräfte, Manager und Eigentümer eingeschlossen. Wenn es um die »Verteilung des Kuchens« geht und um das »Überleben des Unternehmens in der Zukunft« gehören die Mitarbeiter oft nicht mehr dazu. Es geht um das Überleben der Eigentümer. Und die haben natürlich Schwierigkeiten, das *Problem* des Überlebens darzustellen, weil es de facto erst mal keines gibt.

Deshalb wird von *Herausforderung* gesprochen. Aber damit können sich die Mitarbeiter nicht identifizieren. Da hilft auch keine Kommunikationskampagne. Denn die Mitarbeiter, die gut genug sind, bisherige Probleme zu lösen, damit Gewinne erzielt werden, sind auch gut genug, derartige Wortspiele bewusst oder unbewusst zu erkennen. Eigentümer und Führungskräfte des Unternehmens werden durch »Dienst nach Vorschrift« abgestraft. Wenn etwas als Problem erkannt wird, dann werden gruppendynamisch Lösungen gesucht. Bei Herausforderung gibt es keine moralische Pflicht, sich bei der Lösungssuche anzuschließen. Denn Herausforderungen kann man annehmen – oder auch nicht.

Zwischenbilanz:

Probleme muss man lösen. Problemlösungen führen zu Identifikation und Systemstabilität. Herausforderungen werden nicht als Verpflichtung angesehen.

Umgang mit Zeit

Was wir von Menschen lernen können, die früh sterben, ist im Prinzip nichts anderes als: »Mach etwas aus deiner Zeit.« Menschen, die Nahtoderlebnisse hatten, berichten häufig davon, dass sie nach solchen Erfahrungen ihr Leben anders bewerten und z. T. neu gestalten. Wie kommen sie zu dieser Haltung? Sie nehmen ihr Leben danach anders wahr, setzen, um es weltlich zu formulieren, andere Prioritäten. Auch Fragen, die sich viele in der Mitte ihres Lebens stellen, wie »War es das?«, »Das kann es doch nicht gewesen sein?«, führen dazu, dass sie etwas ganz anderes als zuvor machen. Unabhängig davon, dass sie von anderen vielleicht belächelt werden. Es ist für diejenigen, die sich hierdurch verändern, oft eine Frage nach dem Sinn, die sie dazu veranlasst hat.

Der Tod eines Menschen, den wir lieben, ist immer erst mal ein schmerzlicher Verlust. Jeder Mensch erlebt diesen Schmerz anders und deshalb ist es für die Betroffenen wichtig, diese Trauer zuzulassen. Wenn jemand den Tod eines Nahestehenden als Anlass nimmt, über sich und sein Leben nachzudenken und dann seinem Leben einen weiteren, neuen Sinn gibt, dann würdigt derjenige das Andenken des Verstorbenen stärker, weil seine Veränderung immer mit dem Verstorbenen in Verbindung stehen wird.

Ob absichtlich oder nicht, ob mit Sinn oder ohne Sinn: Wenn jemand stirbt, v. a. wenn jemand jung stirbt, zeigt er uns damit, dass auch wir früh sterben können. Auch unsere Liebsten, unsere Verwandten, unsere Freunde können früh sterben. Wir wissen nicht, wann uns oder unsere Freunde und Verwandten der Tod heimsucht. Aber genau dadurch werden wir daran erinnert, wie wichtig es ist, mit unserer Zeit und auch mit unseren Mitmenschen gut umzugehen. Wenn jemand plötzlich und zu früh stirbt, kann man ihm nicht mehr sagen, was man für ihn empfindet. Also muss man jetzt die Zeit nutzen, ihm dies zu zeigen. Wenn jemand bestimmte Dinge, die er noch in seinem Leben machen möchte, immer wieder verschiebt, dann erinnern ihn diejenigen, die gestorben sind, daran, dass er seine Zeit nutzen soll, um die Dinge, die ihm am Herzen liegen, tun zu können. Er wird durch den Tod anderer daran erinnert, dass der richtige Zeitpunkt zum Handeln nie in der Zukunft liegt, sondern immer direkt vor einem.

Eigenregie des Lebens

Sterbende erinnern uns daran, dass viele Menschen sehr viel Zeit damit verbringen, sich zwanghaften Aktivitäten hinzugeben, und sich nicht um die wirklich wichtigen Dinge kümmern. Aber was sind die wirklich wichtigen Dinge im Leben? Woran erkennt man sie? Um zu wissen, welche Dinge wirklich wichtig für uns sind, müssen wir uns »von Zeit zu Zeit aufrütteln und uns fragen: ›Wenn ich heute Nacht sterben müsste, was dann?‹«.[38] Folgende Frage kann sich jeder selbst stellen:

- Was ist für mich wirklich wichtig?
- Was ist für mich bestimmend im Leben?

Wenn wir diese Fragen ehrlich beantworten, wissen wir, inwieweit wir nach unseren persönlichen Wertvorstellungen gelebt haben. Hinterlassen wir jetzt schon das, was wir uns zu hinterlassen gewünscht haben? Kann ich mit gutem Gewissen sagen, ich kann jetzt schon sterben, ich habe alles erledigt?

Erst dadurch wird das »bewusste Leben« möglich, das immer wieder propagiert wird: Im Moment leben heißt nicht nur in dem Bewusstsein leben, dass der Moment, in dem man gerade lebt, wichtig ist, sondern dass wir uns auch darüber bewusst sind, dass es auch wichtige Momente im späteren Leben geben wird. In diesen Momenten möchten wir genauso bewusst und glücklich leben, wie wir vielleicht jetzt im Moment sind. Aber gleichzeitig müssen wir uns darüber bewusst sein, dass es diesen Moment in der Zukunft vielleicht nicht geben wird, weil wir vorher sterben könnten.

Bilanz

- Wer eine tiefe Grundzufriedenheit im Berufsleben erreichen möchte, muss regelmäßig in eine Art Klausur gehen und sich selbst durch Fragen überprüfen: Was mache ich eigentlich? Wie verhalte ich mich? Wie reagiere ich in Alltagssituationen? Tue ich genau das, was ich mir für meinen derzeitigen Lebensabschnitt vorgestellt habe? Man kann dann leichter entscheiden, wie er sich engagiert, etwas zu verändern versucht oder sich an etwas sinnvollem Neuen orientiert.

- Wer regelmäßig prüft, ob seine Wahrnehmung und seine Einstellung den Dingen gegenüber nicht die Sicht auf den Sinn seiner Tätigkeit versperrt und im Zweifel kleine »Korrekturen« an sich vornimmt, läuft kaum Gefahr, unzufrieden durchs (Berufs-)Leben zu gehen.

- Wer mit offenen Augen durchs (Arbeits-)Leben geht, stellt schnell fest, ob der Geschäftspartner, die Kollegin oder das Unternehmen, für das man arbeitet, ebenfalls bemüht ist, sinnvoll zu agieren.

- »Macht das eigentlich (für mich in meiner derzeitigen Situation) Sinn?«, »Für wen macht das eigentlich Sinn?«. Wenn diese Fragen wieder zu konstruktiven Standardfragen im (beruflichen) Alltag werden, kann jeder in der jeweiligen Situation leicht feststellen, ob er selbst für sich Antworten parat hat. Oder ob er plausible Antworten von dem erhält, der ihm ein »Luftschloss« verkaufen möchte.

- Berufliche und private Zufriedenheit sind kein definierbares Ziel. Sie sind ein Ergebnis dessen, dass jemand so oft wie möglich sein Handeln daran orientiert, was für ihn langfristig Sinn ergibt.

- Und zu guter Letzt ein Rat an unsere Kinder: Versucht jeden Moment nur das zu tun, was euch langfristig Sinn gibt.

Danke

Für eine Buchidee muss man einen Verlag begeistern. Daher danken wir dem Verlag Ueberreuter in Wien, allen voran Dr. Fritz Panzer und Thomas Zauner, dass wir sie von der Sinnhaftigkeit unseres Projekts überzeugen konnten. Besonderer Dank gilt auch unserem Lektor, Andreas Macho, der »Erfolgsfaktor Sinn« den nötigen Schliff gegeben und unsere Formulierungen und Details in eine sinnvolle Form gebracht hat. Danke auch dem grafischen Team des Ueberreuter-Verlags, das für Cover und Layout verantwortlich war.

Bernd Vonhoff:
Meiner Familie, allen voran Heike, Hanna, Ninja, Moira und Josha, danke ich für die geduldige Umsorgung und das Verständnis dafür, dass ich mich für das Projekt so oft vom Familienleben zurückgezogen habe.

Ich danke zusätzlich meinen langjährigen Geschäftspartnern von der FSV Netzwerk GmbH, Rainer Frädrich und Gunnar Schönemann, dafür, dass sie mir für den Sommer des vergangenen Jahres die Luft verschafft hatten, mich nahezu ausschließlich diesem Projekt zu widmen.

Besonders danke ich hier meiner langjährigen Assistentin Kathi Petras für die Mehrarbeit, die sie ohne zu zögern durch diesen Rückzug auf sich genommen hat, und ihre darüber hinausgehende geistigseelische Unterstützung; vor allem auch bei den verschiedenen Studien, die ohne ihre Arbeit nie rechtzeitig fertig geworden wären.

Gerald Reischl:
Ich bedanke mich bei meiner Familie, besonders bei Sigrid, die darüber hinweggesehen hat, wenn ich in den vergangenen Monaten mehr mit dem »Erfolgsfaktor Sinn« beschäftigt war als mit unserem Privatleben.

Und ich muss mich vor allem bei unserem Sohn Emil bedanken, dessen Geburt mitten in die Entstehungsphase dieses Buches gefallen ist und dem dieses Werk ebenfalls gewidmet wurde. Er hat mein Leben verändert, zeigt mir täglich neue, bislang unbekannte Seiten des Lebens und lässt mich erkennen, wie wichtig es ist, sich mit Themen wie »Sinn« zu beschäftigen.

Anmerkungen

1 Vgl. Csikszentmihalyi, Mihaly: Flow im Beruf. Das Geheimnis des Glücks am Arbeitsplatz. Stuttgart 2004
2 Schiller, Robert: »Auf sinkendem Schiff«, in: Der Spiegel, 41/2008, S. 58
3 Vgl. Viktor Frankl: Der Mensch vor der Frage nach dem Sinn. Eine Auswahl aus dem Gesamtwerk. München 2006[19]
4 Richard Egger: Die philosophische Werkzeugkiste – Praktische Philosophie für Manager. Zürich 1997, S. 150 ff.
5 Sprenger, Reinhard K.: Die Entscheidung liegt bei dir. Frankfurt am Main 1997, S. 178 f.
6 Pinker, Susan: »Männer sind extremer«. Spiegel-Gespräch, in: Der Spiegel, 39/2008, S. 65
7 Anselm Grün: Menschen führen – Leben wecken. München 2006, S. 13 ff.
8 Sprenger, Reinhard K.: Die Entscheidung liegt bei dir. Frankfurt am Main 1997, S. 172
9 Fuchs, Helmut/Huber, Andreas: Die 16 Lebensmotive. München 2002, S. 271
10 Siehe hierzu auch insbesondere Deepak Chopra: Life After Death – The Burden of Proof. New York 2006, S. 78 f., und Antonio Demasio: Descartes' Irrtum. Fühlen, Denken und das menschliche Gehirn. München 1994
11 Anselm L. Strauß, zitiert nach: Dreitzel 1980, S. 183
12 Berger/Luckmann 1984, S. 77. »... erlebnismäßig identifizierbar wird ein System erst, sofern es handelt.« (Luhmann 1971, S. 60)
13 Kübler-Ross: Über den Tod und das Leben danach. Güllesheim, 2001[28], S. 28
14 Spiegel-Online: »Fall Madeleine – Was das Kindermädchen sah«, 25. 9. 2007 http://www.spiegel.de/panorama/justiz/0,1518,507789,00.html
15 Carlos Castaneda: Das Wirken der Unendlichkeit. New York, FfM 1998[2], S. 132
16 Stefan Klein: Alles Zufall – Die Kraft, die unser Leben bestimmt. Reinbek 2004, S. 88
17 Krämer, W. / Mackenthun, G.: Die Panik-Macher. München 2001, S. 341 u. S. 350
18 Spiegel.de, 26. 3. 2007: »McKinsey-Studie – EU-Klimaschutzziele kosten mindestens 800 Milliarden Euro«, http://www.spiegel.de/wirtschaft/0,1518,473998,00.html
19 Der Spiegel 46/2003 – 10. November 2003, »Wir ersticken im Info-Smog«, Interview mit David Lewis
20 Der Spiegel 17/2008, »König von Deutschland«, S. 82
21 Reischl, Gerald: Die Google-Falle. Die unkontrollierte Weltmacht im Internet. Wien 2008, S. 78
22 Sprenger, Reinhard K.: Die Entscheidung liegt bei dir. Frankfurt am Main 1997, S. 30
23 Anselm Grün: »Menschen führen – Leben wecken«, München 2006, S. 26 f.
24 Chopra: Das Buch der Geheimnisse. München 2005, S. 176 f.
25 Helmut Willke: Einführung in das systemische Wissensmanagement. Heidelberg 2004, S. 40
26 Udo Rauin: Im Studium wenig engagiert – im Beruf schnell überfordert. Längsschnittstudie der Goethe-Universität Frankfurt – Veröffentlicht auf der Homepage am 4. 1. 2008. http://www.muk.uni-frankfurt.de/pm/pm2008/0108/002/index.html

27 S. hierzu ausführlich Spitzer, Manfred: Lernen. Gehirnforschung und die Schule des Lebens, Berlin 2007, S. 161 ff.

28 Z.B. bei Bökenkamp, Katrin; Wolf, Pia: „Unternehmensführung. Die organisationspsychologische Perspekte", S. 20 ff. Universität Dortmund o. J.

29 Kübler-Ross: Über den Tod und das Leben danach. Güllesheim, 2001[28], S. 32 f.

30 Krämer, W. / Mackenthun, G.: Die Panik-Macher. München 2001, S. 68 und S. 70

31 Karlheinz Häfner: Die Angst vor dem Sterben – Vom Umgang mit einem verdrängten Gefühl. München 2007, S. 27

32 Dieter Bohlen im Stern-Online-Interview vom 10. 10. 2008: »Selbstzweifel sind nur was für Weicheier«

33 Kathrin Held: »Was wirklich wichtig ist – die Weisheit der Alten«, Norderstedt 2005, Kübler-Ross, Interviews mit Sterbenden, Ffm 1969

34 Kübler-Ross: Über den Tod und das Leben danach. Güllesheim, 2001[28], S. 5

35 Sogyal Rinpoche: Das Tibetische Buch vom Leben und Sterben. Ulm 2003, S. 46 f.

36 Park Avenue, Nr. 10, Oktober 2007, S. 46

37 Bernhard Jacoby: Die Brücke zum Licht – Nahtoderfahrung als Hoffnung. München 2002, S. 209

38 Sogyal Rinpoche: Das Tibetische Buch vom Leben und Sterben. Ulm 2003, S. 42

Literatur

Ariely, Dan: Denken hilft zwar, nützt aber nichts. Warum wir immer wieder unvernünftige Entscheidungen treffen. München 2008

Bandelow, Borwin: Das Angstbuch. Woher Ängste kommen und wie man sie bekämpfen kann. Reinbek 2004

Berger, P. L. / Luckmann, T.: Die gesellschaftliche Konstruktion der Wirklichkeit. Eine Theorie der Wissenssoziologie. Frankfurt/Main 1984 (1969)

Blanchard, K. / Johnson, S.: Leadership and the One Minute Manager. New York 2000

Castaneda, Carlos: Das Wirken der Unendlichkeit. New York, Frankfurt/Main 1998[2]

Castaneda, Carlos: Die Kunst des Träumens. Frankfurt/Main 1994

Chopra, Deepak: Das Buch der Geheimnisse. München 2005

Chopra, Deepak: Life After Death. The Burden of Proof. New York 2006

Csikszentmihalyi, Mihaly: Flow im Beruf. Das Geheimnis des Glücks am Arbeitsplatz. Stuttgart 2004

Dalai Lama: Der Weg zum Glück. Sinn im Leben finden. Freiburg im Breisgau 2008 (2002)

Demasio, Antonio: Descartes' Irrtum. Fühlen, Denken und das menschliche Gehirn. München 1994

Dreitzel, Hans-Peter: Die gesellschaftlichen Leiden und das Leiden an der Gesellschaft. Vorstudien zu einer Pathologie des Rollenverhaltens. Stuttgart 1980

Eagleton, Terry: Der Sinn des Lebens. Berlin 2008

Egger, Richard: Die philosophische Werkzeugkiste. Praktische Philosophie für Manager. Zürich 1997

Frankl, Viktor: Der Mensch vor der Frage nach dem Sinn. Eine Auswahl aus dem Gesamtwerk. München 2006[19]

Frankl, Viktor: Das Leiden am sinnlosen Leben. Psychotherapie für heute. Freiburg 2008 (1977)

Fuchs, H. / Huber, A.: Die 16 Lebensmotive. München 2002

Gegenfurtner, Karl R.: Gehirn & Wahrnehmung. Frankfurt am Main 2003

Grün, Anselm: Menschen führen. Leben wecken. München 2006

Grün, Anselm: Buch der Antworten. Antworten auf die Königsfragen des Lebens. Freiburg im Breisgau 2007

Gulder, Angelika: Finde den Job, der dich glücklich macht. Frankfurt/Main 2007

Häfner, Karlheinz: Die Angst vor dem Sterben. Vom Umgang mit einem verdrängten Gefühl. München 2007

Hänsel, M. / Matzenauer, A.: Ich arbeite, also bin ich? Sinnsuche und Sinnkrise im beruflichen Alltag. Göttingen 2009

Held, Kathrin: Was wirklich wichtig ist. Die Weisheit der Alten. Norderstedt 2005

Högl, Stefan: Transzendenzerfahrungen. Nahtod-Erlebnisse im Spiegel von Wissenschaft und Religion. Marburg 2006

Horváth, Péter (Hrsg.): Wertschöpfung braucht Werte. Wie Sinngebung zur Leistung motiviert. Stuttgart 2006

Huber, H.-G./ Metzger, H.: Sinnvoll erfolgreich. Sich selbst und andere führen. Reinbek bei Hamburg 2004

Jacoby, Bernhard: Die Brücke zum Licht. Nahtoderfahrung als Hoffnung. München 2002

Jäger, Wieland, und Röttgers (Hrsg.): Sinn von Arbeit. Soziologische und Wirtschaftssoziologische Betrachtungen. Wiesbaden 2008

Kabat-Zinn, Jon: Gesund durch Meditation. Frankfurt/Main 2006 (1990)

Kahnemann, D. / Slovic, P. / Tversky, A.: Judgment under Uncertainty. Heuristics and Biases. Cambridge 1982

Kerkeling, Hape: Ich bin dann mal weg. Meine Reise auf dem Jakobsweg. München 2007[53] (2006)

Klein, Gary: Intuition At Work – Why Developing Your Gut Instincts Will Make You Better at What You Do. New York 2002

Klein, Stefan: Alles Zufall. Die Kraft, die unser Leben bestimmt. Reinbek 2004

Krämer, W. / Mackenthun, G.: Die Panik-Macher. München 2001

Krelhaus, Lisa: Wer bin ich – wer will ich sein? Ein Arbeitsbuch zur Selbstanalyse und Zukunftsgestaltung. München 2006

Kübler-Ross, Elisabeth: Interviews mit Sterbenden. Stuttgart 1999 (1969)

Kübler-Ross, Elisabeth: Über den Tod und das Leben danach. Güllesheim 2001[28]

Liesemann, Konrad Paul, im Interview mit Christoph Uhlhaas: »Wir sind eine todesversessene Gesellschaft«, in: Gehirn & Geist, Nr. 11/2007

Luhmann, Niklas: »Sinn als Grundbegriff der Soziologie«, in: Habermas, J., und

Luhmann, N.: »Theorie der Gesellschaft oder Sozialtechnologie«, Frankfurt/Main 1971

Luhmann, Niklas: Soziale Systeme. Grundriss einer allgemeinen Theorie. Frankfurt/Main 1985 (1984)

Müller, Thomas: Die Bestie Mensch. Tarnung. Lüge. Strategie. Salzburg 2004

Nürnberger, Christian: Jesus für Zweifler. München 2007

Ochmann, Frank: Die gefühlte Moral. Warum wir Gut und Böse unterscheiden können. Berlin 2008

Rauin, Udo: Im Studium wenig engagiert – im Beruf schnell überfordert. Längsschnittstudie der Goethe-Universität Frankfurt. Veröffentlicht auf der Homepage am 4. 1. 2008. http://www.muk.uni-frankfurt.de/pm/pm2008/0108/002/index.html

Reinhard, Rebekka: Die Sinn-Diät. Warum schon alles haben, was wir brauchen. Philosophische Rezepte für ein erfülltes Leben. München 2009

Reischl, Gerald: Die Google-Falle. Die unkontrollierte Weltmacht im Internet. Wien 2008

Reiss, Steven: The Normal Personality. A new way of Thinking about people. New York 2008

Reiss, Steven: Who am I? The 16 basic desires that motivate our actions and define our personalities. New York 2000

Roth, Gerhard: Aus Sicht des Gehirns. Frankfurt/Main 2003

Schiller, Robert: »Auf sinkendem Schiff«, in: Der Spiegel, 41/2008, S. 58

Schmid-Bode, Wilhelm: Maß und Zeit – Entdecken Sie die neue Kraft der klösterlichen Werte und Rituale. Frankfurt/Main 2008

Schmid, Wilhelm: Mit sich selbst befreundet sein. Von der Lebenskunst im Umgang mit sich selbst. Frankfurt/Main 2007 (2004)

Schmid, Wilhelm: Schönes Leben? Einführung in die Lebenskunst. Frankfurt/Main 2005 (2000)

Schmid, Wilhelm: Glück. Alles, was Sie darüber wissen müssen, und warum es nicht das Wichtigste im Leben ist. Frankfurt/Main 2007

Schulz von Thun, Friedemann: Miteinander reden – Störungen und Klärungen. Allgemeine Psychologie der Kommunikation. Reinbek bei Hamburg 1999 (1981)

Schwartz, Gary E., und Simon, William L.: The Afterlife Experiments. New York 2002

Sogyal Rinpoche: Das Tibetische Buch vom Leben und Sterben. Ulm 2003

Spitzer, Manfred: Lernen. Gehirnforschung und die Schule des Lebens. Berlin 2007

Spitzer, Manfred: Vom Sinn des Lebens – Wege statt Werke. Stuttgart 2007

Sprenger, Reinhard K.: Die Entscheidung liegt bei dir. Frankfurt/Main 1997

Sprenger, Reinhard K.: Gut aufgestellt – Fußballstrategien für Manager. Frankfurt/Main 2008

Uhlhaas, Christoph: »Das Ende vor Augen«, in Gehirn & Geist, Nr. 11/2007

Watzlawick, P. / Janet H. B., / Don, D. J.: Menschliche Kommunikation, Bern 1967

Werth, Reinhard: »Anfang und Ende des menschlichen Bewusstseins«, in: Gehirn & Geist, Nr. 12/2007

Wilbers, Gregor: Sinnfindung im Beruf. Bielefeld 2005

Willke, Helmut: Einführung in das systemische Wissensmanagement. Heidelberg 2004